스무 살의 인문학

청춘에게 길을 묻다

스무 살의 인문학

지은이 / 강신주·고미숙·김병일·박철홍·박홍규·신정근·안도현·이용주·최재목·홍세화
펴낸이 / 강동권
펴낸곳 / (주)이학사

1판 1쇄 발행 / 2015년 9월 25일
1판 2쇄 발행 / 2017년 2월 28일

등록 / 1996년 2월 2일 (등록번호 제 03-948호)
주소 / 서울시 종로구 윤보선길 65(안국동 17-1) 우 03061
전화 / 02-720-4572 · 팩스 / 02-720-4573
홈페이지 / ehaksa.kr
이메일 / ehaksa1996@gmail.com
페이스북 / facebook.com/ehaksa · 트위터 / twitter.com/ehaksa

© 강신주·고미숙·김병일·박철홍·박홍규·신정근·안도현·이용주·최재목·홍세화, 2015,
Printed in Seoul, Korea.
ISBN 978-89-6147-220-3 03100

이 책의 저작권은 저자가 가지고 있습니다.
저작권법에 의해 보호를 받는 저작물이므로 이 책 내용의 일부 또는 전부를 재사용하려면
저작권자와 (주)이학사 양측의 동의를 얻어야 합니다.

* 이 책의 인세는 영남대학교의 인문학 발전을 위해 기부합니다.

* 책값은 뒤표지에 표시되어 있습니다.

이 도서의 국립중앙도서관 출판시도서목록(CIP)은 e-CIP 홈페이지(http://www.nl.go.kr/ecip)와 국가자료공동목록시스템(http://www.nl.go.kr/kolisnet)에서 이용하실 수 있습니다. (CIP제어번호: CIP2015024567)

스무 살의 인문학

청춘에게 길을 묻다

강신주 고미숙 김병일 박철홍 박홍규
신정근 안도현 이용주 최재목 홍세화 지음

이학사

머리말

　마음은 현재보다 늘 과거나 미래로 요동친다. 껄껄 웃으려니 슬픔과 비참함이 눈에 밟히고, 펑펑 울려니 기쁨과 즐거움이 눈물을 막는다. 세상이 그렇듯 삶은 희로애락이 머물다 가는 정거장이다. 지상의 시간은 늘 희로애락이 교차한다. 그런데 차츰 부끄러움, 진지함, 따스함은 적어지고 뻔뻔스러움, 가벼움, 차가움이 더 많아지는 것 같다.

　세상이 힘겹고 메마를수록 환희와 참회의 눈물도 줄어든다. 기쁨이 길어낸 것이건 슬픔이 자아낸 것이건, 사람의 눈물은 짜다. 그러나 거기에는 아직 굳은 소금 알갱이가 없다. 눈물이 일렁거리는 동안 몸에는 소금기 어린 평형수가 살아 있다. 건강하다는 말이다. 이 세상을 썩지 않게 이곳저곳 쉴 새 없이 두드리고 문지르며 흘러 다니는 소금물 같은 것이 바로 '사람다움'이다. 사람다움이 짜낸 지성의 '결'과 '무늬'가 바로 인문학이다.

　주지하다시피 도처에 인문학의 물결이 거세다. 골목골목 인문

강좌가 열리는 등 그 열기는 서울만이 아니라 지역에서도 뜨겁다. 물론 시작이 있으면 끝이 있는 법. 그 끝자락을 조심스레 주시하면서도 무언가를 새로 시작해보고 싶다는 열정과 용기가 생긴다.

올해 영남대학교 기초교육대학에서도 AEC사업의 일환으로 새로운 교양과목을 만들기로 하였다. 부족한 나에게 그 임무가 부여되었다. 일단 강좌명은 '스무 살의 인문학 — 청춘에게 길을 묻다'로 정하였다. 취업도 되지 않고 미래가 불확실한, 이런저런 고뇌에 휩싸인 젊은 날을 어떻게 하면 잘 건너가게 도와줄 수 있을까가 관건이었다. 젊은 학생들이 절망하지 않고 스스로에게 묻고 찾으며 청춘이라는 터널을 잘 지나가려면 좋은 조언자를 만나야 한다. 그것은 결국 그들보다 앞서서 인생과 학문을 시작한 선배들을 만나는 일이다. 학내외 학생들의 설문 조사와 자문회의를 거쳐 13회 릴레이식으로 강의할 교내외 명사들을 선정하였다.

강의 내용은 모두 스무 살 청춘들이 관심을 가질 주제에 집중되었다. '이십 대에는 무엇을 해야 하며, 어떻게 살아야 하는가?', '공부는 왜 해야 하며 무엇을 공부할 것인가?', '삶의 성공은 무엇인가?', '우리의 삶은 과연 희망적인가?' 등등 스무 살 청춘들이 고민할 만한 절실한 주제들이 1시간 20여 분의 강의와 1시간 이상 이어진 질문과 대답에 고스란히 담겼다. 이 책은 그 뜨겁고 치열했던 대화와 소통의 시간에 대한 생생한 기록이다.

이렇게 영남대학교 기초교육대학의 교양강좌 '스무 살의 인문학—청춘에게 길을 묻다'가 책의 형태로 세상의 빛을 보게 되어 기쁘다. 아쉽게도 몇 분의 강의는 그분들의 개인적 사정 때문에 책에 싣지 못하였으나, 마지막까지 좋은 책이 되도록 원고를 정성스레 다듬어주신 모든 선생님께 머리 숙여 감사드린다.

아울러 이 강좌에 많은 관심을 가지고 물심양면 후원해주신 영남대학교 노석균 총장님과 강좌의 운영위원 여러분, 기초교육대학 여러분, 그리고 이 책이 나오기까지 고생한 영남대학교 신문사 기자들과 홍보실의 여러분, 영남대학교 대학원 철학과 석사과정의 박현숙 조교, 대학원 한국학 박사과정 김명월 조교에게 이 자리를 빌려 감사를 드린다.

마지막으로 이 책을 흔쾌히 출판해준 이학사의 강동권 사장님과 편집부 여러분께 감사드린다.

2015년 9월 1일 경산 영남대학교 압량벌에서
최재목 쓰다

차례

머리말
•
5

스무 살 청춘에게,
길을 묻는
인문학을 시작하며
•
최재목
•
11

자기로의
여정을
시작하며
•
강신주
•
33

남들과
다르게 생각하고
다르게 표현하라
•
안도현
•
59

내 생각은
어떻게
내 생각이 되었나?
•
홍세화
•
85

공부,
인간답게 잘 살기 위한
안목 높이기

박철홍

111

몸, 사랑,
그리고
돈에 관하여

고미숙

141

선비에게
배우는
멋지게 사는 길

김병일

175

배움,
나에게 없는 것을
있게 하는 사건

신정근

195

절망을
희망으로
바꾸기

박홍규

215

인문학도가
과학을
이해해야 하는 이유

이용주

239

스무 살 청춘에게,
길을 묻는
인문학을 시작하며

○

○

최
재
목

최재목

○

영남대학교 철학과를 졸업하고 동 대학원에서 수학하던 중 일본으로 건너가 츠쿠바대학에서 석사 및 박사 학위를 받았다. 하버드대학, 도쿄대학, 레이던대학, 베이징대학에서 방문 학자·객원 연구원으로 연구했고, 현재 영남대학교 철학과 교수로 재직하면서 한국양명학회 회장을 맡고 있다. 또한 1987년에 『매일신문』 신춘문예로 등단해 『나는 폐차가 되고 싶다』, 『길은 가끔 산으로도 접어든다』 등의 시집을 내기도 했다. 주요 저서로 『동아시아의 양명학』, 『나의 유교 읽기』, 『쉽게 읽는 퇴계의 성학십도』, 『내 마음이 등불이다 — 왕양명의 삶과 사상』, 『퇴계 심학과 왕양명』, 『시를 그리고 그림을 쓰다』, 『동양철학자, 유럽을 거닐다』 등이, 공역서로 『미의 법문』, 『근대라는 아포리아』 등이 있다.

이제 젊음은 무기력의 대명사가 되어가고 있습니다.

"젊은 날 뛰는 가슴 안고/ 수평선까지 달려 나가는/ 돛을 높이 올리자…" 최백호의 〈영일만 친구〉라는 노래 들어보셨나요? 요즘 젊은이들을 보면 이런 노래를 부르기도 안쓰럽습니다. 젊음은 더 이상 희망의 표상이 아니기 때문입니다. 과거에는 젊은이 '답다'라는 말의 알맹이가 패기, 도전 정신이었는데, 이제 젊음은 무기력의 대명사가 되어가고 있습니다.

'스무 살' 하면 저는 넘실대는 '파란 낙엽'이 떠오릅니다. 채 피지도 않은 것이 시들어서 아직 새파란데 낙엽이라니 참 얄궂습니다. 얼마 전에는 심리적인 결혼 한계선이 월급 200만 원이고 그 이하는 자격 미달이라는 말을 듣고 가슴이 먹먹해졌습니다. 이제 맨몸으로 돈 벌어서 가정을 꾸렸다는 이야기는 독립군의 무용담처럼 들리는 것 같습니다.

최근 자주 신문지상에 오르내리는 젊은 남성을 구분하는 용어가 있는데, 들어보셨나요? 일본에서 건너온 말들로, '초식계草食系', '절식계絶食系', '승려계僧侶系'라는 말들입니다. 연애나 이성 관계에 서툰 것이 '초식계'이고, 사귀고자 하는 의지 자체가 없는 것이 '절식계', 성性, 섹스 자체를 초탈한 것이 '승려계'라고 합니다. '승려계'는 '열반계'라고 불러도 되겠죠. 이들은 '내 취미 생활 하기도 바쁘다!'고 외칩니다. 그러니 연애도 섹스도 아예 물 건너간 것이죠. 아이를 낳을 인연이 끊겼는데 무슨 출산과 인구 증가를 말하겠습니까? 이 바람이 일본에서 우리나라로 불어오고 있는 것입니다.

문제의 핵심은 경제적 사정, 즉 돈이 없다는 것입니다. 젊은이들의 계산은 결혼이 밥 먹여주지 않고 아이가 자신들의 삶을 더 이상 보장해주지 않는다는 것입니다. 혼자 사는 즐거움을 꿈꾸기도 어려운데 행복한 싱글 라이프를 택하지, 더 이상 가족 따위는 원치 않는다는 말입니다. 이쯤 되면 사태가 심각합니다. 사실 돈이 없으면 패기, 도전 정신만으로 가족을 먹여 살릴 수도 없지만, 그렇다고 돈만으로 모든 것이 해결되는 것도 아닙니다.

청춘의 전망 속에서 돈이 생성되는 것이지, 돈만으로 청춘을 기획할 수는 없습니다.

젊음을 높게 평가한 것은 근대기나 고도 성장기였습니다. 당시에는 청년들이 산업을 일으켜 세우는 힘이자 국가 성장의 동력이었습니다. 노인이 아니라 청년이 사회의 표상이었던 것이죠. 청년들은 생산과 소비를 이끄는 주체였고 가정과 사회의 희망이었습니다. 그래서 '젊음=희망'이라는 이미지가 만들어졌습니다. 이렇게 청년들에게 거는 희망과 기대는 1990년대까지만 해도 살아남아 있었습니다. 혹시 1997년에 김병수와 박성준이라는 듀엣 가수 '벅Buck'이 부른 〈맨발의 청춘〉이라는 노래 아시나요?

> 이렇다 할 빽도 비전도 지금 당장은 없고
> 젊은 것 빼면 시체지만 난 꿈이 있어.
> …
> 두고 봐 이제부터 모든 게 원대로 뜻대로 맘대로
> 잘 풀릴 걸 속는 셈치고 날 믿고 따라줘
> 니가 보는 지금의 나의 모습 그게 전부는 아니야
> 멀지 않아 열릴 거야 나의 전성시대
> …
> 갈 길이 멀기에 서글폰 나는 지금 맨발의 청춘
> 나 하지만 여기서 멈추진 않을 거야 간다.

이 노래를 듣고 있으면 힘이 솟습니다. "청춘은 꿈이요 꿈은 봄나라"라는 지난 시절의 노래처럼, 야심이 살아 있습니다.

청춘의 전망 속에서 돈이 생성되는 것이지, 돈만으로 청춘을 기획할 수는 없습니다. 꿈이 우리를 아프게 하고 상처 입히더라도 허리가 아프다고 잘라낼 수 없듯이 힘들다고 꿈을 포기할 수는 없습니다. 밑져야 본전 아닙니까? 눈 똑바로 뜨고, 가슴 활짝 펴고 당당하게 걸어갑시다.

젊은 날에는 젊음의 가치를 잘 모릅니다.

가수 이상은이 노래한 〈언젠가는〉이라는 노래는 많이들 아시지요?

젊은 날엔 젊음을 모르고 사랑할 땐 사랑이 보이지 않았네.
하지만 이제 뒤돌아보니 우린 젊고 서로 사랑을 했구나.
눈물 같은 시간의 강 위에 떠내려가는 건 한 다발의 추억.
그렇게 이제 뒤돌아보니 젊음도 사랑도 아주 소중했구나.

이 노래의 가사처럼 젊은 날에는 젊음의 가치를 잘 모릅니다. 사랑도 그렇고 배움도 그렇습니다. 흔히들 '가까이 있을 때는 그 소중함을 모른다'고 하지요. 누구나 젊음의 한가운데 있을 때는 젊음의 참모습을 볼 수 없습니다. 시간이 지나고 젊음에서 멀어졌을 때야 "그때가 좋았지!"라고 생각하기 시작하는 것입니다. 보이던 존재가 더 이상 보이지 않을 때, 가까이 있던 존재가 멀어졌을 때 비로소 그 존재의 가치가 드러납니다.

청춘은 멋지지만 조금 덜 익고, 어딘지 약하고, 불안합니다.

한 학생이 기침을 해서 제가 "자네, 감기 들었구나?" 하고 물었더니, 그 학생이 웃으면서 "아뇨, 청춘입니다"라고 대답했습다. 그래서 제가 못 알아듣고 "뭐라고?" 반문했지요. 그랬더니 그 학생이 웃으면서 이렇게 말하더군요. "아프니까 청춘이라고 하던데요?" 최근의 베스트셀러 『아프니까 청춘이다』를 빗대서 말한 것입니다.

청춘은 멋지지만 조금 덜 익고, 어딘지 약하고, 불안하고, 마음 아픈 구석이 많습니다. 감수성이 풍부하고, 모든 것을 받아들이기도 쉽고, 거부하기도 쉽습니다. 가능성이 많은 만큼 미숙합니다. 풋풋하고 풋내가 납니다. 그래서 갓 성인이 된 시기인 '스무 살'을 '약관弱冠'이라고 부릅니다. 이것은 고대 중국의 사회적 관례 등을 기록한 『예기禮記』에 따른 것으로, "사람이 태어나서 열 살이 되면 유幼라고 하며, 이때부터 배우기 시작한다. 스무 살을 약弱이라 하며, 비로소 갓을 쓴다(冠=성인식을 올린다). 서른 살을 장壯이라 하며, 아내를 맞이한다(有室=혼인한다)"는 등의 규정에 따른 것입니다. 누구나 유년을 지나 약관의 청춘으로, 청춘에서 다시 장년으로, 장년을 넘어서면 노년으로 향하게 됩니다.

청춘은 삶의 고갱이가 푸릇푸릇 약동하는 시기입니다.

　스무 살 젊은 날은 청춘입니다. "청춘은 싱글벙글 윙크하는 봄 봄봄, 가슴은 두근두근 춤을 추는 봄…"이라고 노래한 옛 가요도 있지요. 봄은 만물들이 살아서[活] 솟구쳐 뛰노는[潑潑], 싱글벙글대는, 푸르른 날입니다. 지남침이 남쪽을 가리키듯, 온갖 몸과 마음[心]의 소리[音=意]가 왕성해져 밖으로 향하는 시기입니다. 삶의 고갱이가 푸릇푸릇 약동하는 시기입니다. 그래서 민태원은 「청춘예찬」이라는 수필에서 "청춘! 이는 듣기만 하여도 가슴이 설레는 말이다. 청춘! 너의 두 손을 대고 물방아 같은 심장의 고동을 들어보라. 청춘의 피는 끓는다"라고 젊음을 치하하였습니다. 젊음을 위한 '건배사'거나 '축사'라고 할 수 있겠지요.

　옛사람들은 모두 알고 있었습니다. "젊은 날은 훌쩍 떠나버리기 쉬우나 배움은 이루기가 참 어렵다[少年易老學難成]"고. "꽃은 열흘 붉은 것이 없고[花無十日紅], 해도 달도 차면 기운다[日月盈昃]"고. 그래서 제철 과일을 먹듯 '학이시습지學而時習之'를 촉구했습니다. "배우고 때맞춰서 익혀라!" 배움도 익힘도 모두 '때'가 있다는 뜻입니다.

　'때 시時' 자는 '흘러가는 시간[日]'을 '손[手→寸]'으로 '꽉 붙들다=포착하다[止→土]'라는 뜻입니다. 영어로 'just now', 바로 지금 혹은 '타이밍'을 포착한다는 것입니다.

우리는 모두 스스로의 주인이 되어야 합니다.

헤르만 헤세는 『데미안』의 앞머리에서 이렇게 말했습니다.

> 인간의 일생은 모두 자기 자신에게 다다르기 위한 여정, 아니 그러한 길을 찾아내려는 실험이며 그러한 오솔길의 암시이다.
> …
> 우리는 저마다 서로 다른 깊이를 지닌 어떤 실험이며, 자기 운명의 길을 개척해나가는 존재이다.

그렇습니다. 우리는 모두 스스로의 주인이 되어야 합니다. 그럴 때 나는 나의 주인'님'이나 '분'이 됩니다. 그것이 바로 '주인主人+공公'입니다. 옆 걸음으로 돌아다니는 횡행거사橫行居士인 꽃게가 자신의 걸음걸이를 뽐내듯이, 스무 살 젊은 시기부터 남의 흉내를 낼 것이 아니라 나 자신을 위한 걸음걸이를 익혀나가야 합니다.

스무 살은 자신의 청춘에게 길을 묻는 시기입니다. 이때 내가 걸어갈 길, 나의 걸음걸이를 '나답게' 만들도록 노력해야 합니다. 과연 나는 왜, 무엇을, 어떻게 할 것인가를 고민해야 합니다. 이 모든 물음은 '왜?'에서 첫출발을 합니다. '어떻게how'를 알려면 먼저 '왜why'를 알아야 합니다. '왜?'라는 물음은 삶의 근본입니다. 근본(本, why)이 서야 방법론(道, how)이 생겨납니다. '본립이

도생本立而道生'인 것입니다.

스무 살의 시기에 인생과 학문의 선배들을 만나고, 망망한 학문의 큰 바다를 만나보아야 합니다. 거기서 내 '삶의 기술ars vitae'을 익히기 바랍니다. 자신의 영혼을 다스리는 의술醫術을 익히기 바랍니다. 내 삶의 매뉴얼은 그저 공짜로 주어지지 않습니다. 사람, 지식, 지혜를 만남으로써 터득되는 것입니다.

진정한 공부는 오지 않는 것을 마음 비우고 기다리는 연습입니다.

여러분 회전초回轉草라는 풀 아시나요? 저는 서부영화에서 처음 회전초를 보았을 때 참 신기했습니다. 뿌리 없이 말라비틀어진 둥근 풀 뭉치들이 바람 따라 이리저리 휩쓸리며 마른 대지 위를 굴러다니는데, 놀랍게도 그것들은 죽은 것이 아니었습니다. 거친 땅바닥 위를 정처 없이 굴러다니면서도 어떻게든 영양분을 빨아들이며 살아 있습니다. 참 끈질긴 생명력이죠. 회전초는 제로 상태에서 전전하는 생명이지만 전혀 쓸쓸해 보이거나 고독해 보이지 않습니다. 아예 그런 마음을 내면에 묻어두지 않고 야무지게 사방으로 굴러다닙니다. 뿌리내리지 않으니 거처가 필요 없습니다. 스쳐 지나는 바닥이나 허공이 자신의 터전일 뿐입니다.

인간은 살아가면서 서로의 '관계'에서 가장 많이 상처 입습니다. 귀향歸鄕의 의지가 있다면 반대로 이향離鄕의 의지도 있듯,

사람은 동락同樂을 원할 때도 있고 독락獨樂을 원할 때도 있습니다. 공동체와 홀로의 사이를 오가는, 그 왕환往還의 애증 관계 속에서 인간은 여물고 또 저물어가는 법입니다. 여럿이 있는 것도 홀로 있는 것도 문제이죠. 어느 쪽이 정답인가요? 정답은 없습니다. '여건이 주어지는 대로[隨緣]', '처지에 따라서[素位]' 평온을 찾는 수밖에요.

그렇다고 동서양 현자들이 줄곧 '인간관계'에만 매달려 '행복'을 움켜쥐라고는 하지 않았습니다. 자신의 '덕성'과 '내면'에 눈을 돌리고 스스로 위안을 찾으라고 가르쳤지요. 삶을 살다 보면 수많은 좌절에 당도합니다. 공자라는 인물도 그랬습니다. 공자가 만년에 내뱉은 고백은 참 씁쓸합니다. "남들이 알아주지 않더라도 섭섭한 마음을 내지 않아야 한다[人不知而不慍]!" 그렇습니다. 공자는 안 되는 줄 뻔히 알면서도 마땅히 해야 할 일을 끝내 하고자 한 사람이었습니다.

진정한 공부는 오지 않는 것을 마음 비우고 기다리는 연습입니다. 수주대토守株待兎의 일화처럼, 다시 올 리 없는 토끼를 무작정 기다리는 일입니다. 남들은 떡 줄 생각도 않는데 김칫국부터 마시는 '희망' 찾기에 또 우리는 얼마나 매달려왔나요? 찬란하게 동이 터올 것이라는 소망을 버리지 않고 칠흑의 어둠을 지키는 야간 경비원처럼, 태양이 있다는 '개념'을 갖고 있는 사람들은 참 고통스럽습니다. 그럴수록 회전초가 됩시다! 자신이 바로 허공의 태양이 되어 끈질기게 나를 비추자는 말입니다.

> 스무 살의 여러분이 '나는 누구인가?' 그리고 '나는 무엇을 해야 하는가?'를 물어보는 시간을 마음껏 누렸으면 좋겠습니다.

공부는 '머리'나 '구름 위'에 머물러 있어선 안 됩니다. '가슴과 눈물'로까지 내려와야 합니다. 김수환 추기경은 "사랑이 머리에서 가슴으로 내려오는 데 70년이 걸렸다"고 했습니다. 이렇듯 머릿속-두 눈의 추상성에서, 가슴의 구체성, 실천성으로 내려오기까지는 정말이지 수많은 노력과 시행착오가 필요합니다.

공짜는 없습니다. 머릿속의 지식이 가슴으로, 눈물로 내려와 남들의 아픔과 슬픔을 '구원'-'구제'하는 지혜의 단계로 바뀌는 일에 대학은 주목해야 합니다. 삶의 매뉴얼을 갖추고, 사람이 살아가는 지혜의 기술을 논하는 일들을 대학이 포기한다면 대학은 대학다움을 스스로 거부하는 것입니다. 이제 집 나간, 상처 입은, 떠돌이로 노숙하던 인문학을 다시 집으로 불러들여 제대로 돌볼 때입니다.

인문적 지혜란 결국 '삶의 기술'입니다. 내가 가야 할 길, 나의 행복으로 이끄는 걸음걸이는 바로 인문적 능력과 성찰에서 나옵니다. 스무 살의 여러분이 '나는 누구인가?' 그리고 '나는 무엇을 해야 하는가?'를 물어보는 시간을 마음껏 누렸으면 좋겠습니다.

질문과 대답

리처드 도킨스가 한 말 중에, '지적 생명체는 자신의 삶의 이유를 깨달았을 때 더욱 성숙해진다'는 말이 있는데 선생님께서도 살아오면서 그런 깨달음과 성숙의 순간이라고 느끼신 순간이 있었습니까?

저를 키운 건 좌절이었습니다. 힘든 순간들, 가장 절망스러운 순간들, 내가 기대했던 것들, 의미들이 유리잔이 '픽' 하고 깨지듯이, 그렇게 산산조각이 난 순간들…, 그런 순간들이 저를 꼼짝 못하게 붙들어 매고서는 반성하고, 성찰하고, 근원에서 다시 시작하게 만들었습니다. 저를 성숙하게 한 것은 그런 좌절과 고뇌의 순간들이었습니다. 숱한 지식은 그렇게 저를 감동시키거나 근저로부터 저를 회초리질해주지 못했습니다. 사람은 고뇌하면 할수록 더 뿌리를 깊이 내리는 나무가 아닌가 합니다.

개인마다 행복의 기준이 다른데 선생님께서 생각하시는 행복의 기준은 무엇인지 궁금합니다.

이런 주제를 가지고 얘기할 수 있는 철학자가 스피노자입니다. 독일에 있는 철학자 라이프니츠가 스피노자에게 교수직을 권유했지만 스피노자는 그 자리에 가지 않기로 합니다. 그래서 스피노자는 라이프니츠에게 거절의 편지를 대략 이렇게 썼습니다. '나는 나의 마음의 평온과 자유를 위해서 살고 싶지, 그런 월급쟁이 자리를 탐하고 싶지는 않다!' 월급을 받는다는 것은 그 돈에 해당하는 의무와 책임을 수행한다는 약속이죠. 자신의 자유와 평온보다도 남의 자유와 평온을 지키는 파수꾼 역할을 해야 하는 겁니다. 돈으로부터 자유롭지 않으면 진짜 자유롭지 않습니다. 저도 대학에서 월급쟁이로 살고 있습니다만, 참 힘듭니다. 솔직히 너무 바쁘고 힘들 때는 교수직을 그만둘 생각을 하곤 합니다. 거짓말 같죠? '멀쩡한 교수직을 왜 그만둬?'라고 반문하실지 모르지만, 늘 자유롭고 싶습니다.

　스피노자는 자신의 자유와 평온을 누리기 위해서는 돈으로부터 자유로워야 하기에 렌즈를 깎아 생계를 이어갔습니다. 스피노자가 쓴 『에티카』의 마지막 대목을 꼭 읽어보십시오. 스피노자는 지복, 즉 지고한 행복은 우리 내면(덕성)에 있다고 했습니다. 무언가를 밖에서 채우거나 소유하는 것이 아닙니다. 존재하는 것 자체만으로도 이미 행복하다는 생각을 할 필요가 있습니다. 죽음의 공포 속에서 매일매일을 살아가는 사람들이 있습니다. 그에 비한다면 여러분은 지금 이 순간 얼마나 평화롭습니까. 지금 존재한다는 것 자체에 행복이 들어 있습니다. 행복은 명사처럼 실체가 있는 것이 아닙니다. 밖에 달려 있는 열매처럼 쫓아가서 따 먹는 것이 아닙니다. 형용사로서, 내가 경험하는 내면의 상태로서, 현재 여기서 내가 느끼는 심리적 정서입니다. 오늘 식당에서 밥을 먹는데 친구가 같이 있어서, 반찬이 참 맛있어서 행복했다면 그게 행복한 거예요. 그리고 친구가 문자로 안부를 물어 와서 너무 반갑고 고마웠다면 그게 행복한 거예요. 여러분이 행복하다고 생각하니까, 그 순간 행복이 찾아서, 제 발로 걸어서 성큼성큼 여러분 속으로 들어오는 것입니다. 행복한 순간을 자신 속에서 누리고 경험하면서 사십시오.

저는 나름대로 가치관이 잘 형성돼 있다고 자부하는 편입니다. 그래서 제가 만들어서 가지고 있는 그런 가치관을 조금 더 확고히 하기 위해서 이런 강의를 많이 듣고 있습니다. 그런데 살다 보면 제가 생각하는 가치관과 사회의 가치관이 부딪혀서 힘들 때가 많습니다. 선생님도 그런 적이 있었는지, 그럴 때 어떻게 이겨내셨는지가 궁금합니다.

불교에 관세음보살觀世音菩薩이 있습니다. 산스크리트어의 아바로키테슈바라Avalokiteśvara를 번역한 것인데요, 나중에 이 말은 관세음보살과 관자재보살觀自在菩薩 두 가지로 번역이 됩니다. '관자재'라고 할 때는 '지혜'의 면을 강조해서 번역한 것이고, '관세음'이라고 할 때는 '자비'의 면을 강조해서 번역한 것입니다.

'가치관이 잘 형성되었다'는 것은 잘 보고 잘 듣는다는 것입니다. 우리는 가치관을 오직 따지고 분석하고 단죄하는 '바라보기', 즉 판단이나 이성에만 치우쳐서 형성하는 경향이 있습니다. 하지만 타자의 생각과 가치관을 받아들이고, 겸허히 이해하고, 모자라지만 껴안아주는 그런 구원-구제를 향한 조용한 '들어주기'가 무엇보다도 중요합니다. 가치관을 잘 형성하기 위해서는 '바라보기'와 '들어주기' 둘 다 필요하지만 저는 무게중심을 약간 후자 쪽에 두면 어떨까 합니다. 가능하다면요.

가만히 눈을 감고 들어보면 세상의 오만 가지 소리가 다 들립니다. 관세음보살이라는 것은 세상의 소리를 무심하게 관조하는 존재입니다. 모든 소리에는 다 의미가 있습니다. 찔찔 짜는 소리, 비판하는 소리, 흔들리는 눈빛과 몸짓과 더듬거리는 말소리, "어이쿠!" "야, 안 돼", "하지 마" 이런저런 소리에 모두 의미, 메시지가 들어 있습니다. 남들이 하는 소리를 가만히 받아들여서 맥락 전체를 이해하고 관조해보는 능력이 필요합니다. 상대방의 전체가, 타자라는 하나의 세계가 성큼성큼 걸어 들어오도록 내 마음을 열어두는 자세, 그 사람의 인생 전체가 내 곁에 와서 속삭이도록 나를 열어두고 바라보는 자세, 들어주는 자세가 필요한 것입니다. 들리는 것만 듣는 게 아닙니다. 남들이 내게 하는 모질고 아픈 소리도 잘 듣고 헤아려봐야 합니다. 왜 그런 소리를 하는지 그 맥락 전체를 통해서 그 목소리를 이해하고, 그 마음을 쓰다듬어주고 어루만져줄 수 있을 때, 나의 내면적 발전도 있지 않겠습니까?

따지고 보면 내가 있다는 자체만으로 남에게 심리적 피해 등을 줄 수도 있습니다. '나는 가만히 있는데 저 애가 왜 나를 싫어하는지 모르겠어!'라는 말은 한편으로는 틀리지만 한편으로는 맞습니다. '저 인간은 있기만 해도 싫어!' 인간은 이럴 수 있거든요. 내가 존재한다는 자체, 살아 있다는 자체가 남에게 영향을 미치고 있다는 걸 우리가 자주 잊고 살 수 있습니다. 이런 면들을 깊이 생각해본다면, '확고한 나의 가치관'이라는 것이 자칫 남을 힘들게 하는 무기이거나 도구일 수 있다는 반성도 필요합니다.

그렇다고 자신의 가치관을 버리라는 것이 아닙니다. 자기 가치관으로 남-사회를 거절하는 것이 아니라 남-사회의 가치도 일단은 수긍하고 관용하는 태도, 자신을 여러 각도에서 성찰하는 안목이 중요하다는 말입니다. 그런 안목을 가질 때 자신의 가치관을 더 높은 수준으로 끌어올릴 수 있습니다. 저는 남-사회가 제시하는 가치가 나쁜 것이 아니라면 배척하지 않고 관용합니다. 그리고 내가 하고자 하는 것도 그대로 추구하는 편입니다. 둘 다 가능하다는 말입니다. 장자는 이것을 '양행兩行'이라고 했습니다.

선생님은 왜 공부하시는지 궁금합니다.

솔직히 말하면 저는 잘 몰라서, '무지'하고 '무식'해서 공부합니다. 핵심은 그겁니다. 가만히 생각해보면 정말이지 저는 너무 아는 게 없어요. 그래서 알 듯 말 듯 하거나 모르는 점에 대해서 열심히 알고자 책을 읽습니다. 자랑은 아닙니다만, 특별한 일이 없다면 밤마다 거의 새벽녘까지 책장을 넘깁니다. 그러다가 머리맡에 책이 흐트러져 있는 채로 잠들곤 합니다. 제가 알고 싶은 걸 마음껏 공부하고 싶어 손이 가는 대로 늘 무언가를 읽고 있습니다.

제가 대중 강좌에 많이 다니는데, 돌아올 때면 늘 망망대해 속에 일엽편주를 타고 있는 듯 불안합니다. 나무 이파리 위에 제가 올라타고 무언가를 자신 있게 큰소리친 듯한 불안감이 엄습해옵니다. 공부는 하면 할수록 모르는 게 많아지는 것 같아요. 노자가 '학문의 작업이란 하면 할수록 할 게 많아지고, 도를 닦는 일은 하면 할수록 할 일이 줄어든다'고 했잖아요. 그래서 저는 '학자 나부랭이'라는 표현을 가끔 씁니다. 할수록 점점 더 할 게 많아지고 아는 게 별로 없으니 이러다가 늙겠다 싶어 학자 나부랭이를 '집어치우자', '오히려 버리자'는 각오를 할 때도 있습니다. 실제로 저는 50살이 되면 연구실에 쌓여 있는 책들을 다 불태워 버릴까 계획했던 적도 있습니다. 그 근저에는 '이렇게 내가 지식을 배운들 무엇하나?' '배운다고 뭔가를 알 수 있겠는가?' 하는 자괴감이 있습니다. 근본적으로 '나는 너무 모른다, 무지하다'라는 생각 말입니다. 그런데도 책을 보면 또 욕심이 얼마나 나는지 사고 또 사고…. 업보죠. 해답은 없습니다. 무지하니까 또 배워야 하고, 모르면서도 안 배우는 건 오히려 자기를 망치는 것이니, 계속 읽고 또 읽고 쓰고 또 써나가는 수밖에요. 책을 읽다 보면 금세 '아 이런 생각을 하는 사람이 있구나!' '이렇게도 생각할 수 있구나!' 하면서 감동하기도 합니다. 그러면 다시 또 책을 사고 읽고 생각하게 되어 있습니다. 블랙홀 같은 '공부의 매력'입니다.

선생님을 성숙하게 한 건 좌절이라고 하셨는데, 저도 개인적으로 제가 좌절과 고난을 겪으면서 가장 크게 성장하고 성숙했다고 생각합니다. 그런데 좌절과 고난을 겪다 보면 이 좌절이 저한테 너무나 힘들고 커서 다시는 이런 좌절을 겪고 싶지 않다고 생각할 때가 있습니다. 선생님도 분명히 좌절을 여러 번 겪고, 그걸 이겨내고, 또 다른 도전을 하면서 '아 나는 이런 도전을 하고 싶지 않다'고 생각하신 순간이 있을 것 같아요. 그럼에도 불구하고 어떻게 그런 두려움을 딛고 또 다른 도전을 하실 수 있었는지가 궁금합니다.

결론부터 얘기하자면 그 두려움까지 다 넘어서야 합니다. 저도 과거에 이지메를 하도 많이 당하고 주변에 괴롭히는 사람이 많아서 고통을 많이 겪었습니다. 다 지난 이야기입니다만, 사람 때문에 힘들 때는 보기 싫은 사람의 윤곽만 봐도 섬뜩해서 깜짝 놀란 일이 한두 번이 아니었고, 그런 사람들 생각을 하면 하루 종일 맥이 빠지기도 했습니다. 늘 두려움과 막연한 불안감에 사로잡혀 살았습니다. 사실 저는 그런 순간에서 벗어나기 위해서 책을 읽고 글을 쓰고 그림을 그렸습니다. 말하자면 제게 고난의 순간을 견디게 한 힘은 인문학이었습니다.

가끔 되새기는 말이 있습니다. 장자가 제자에게 한 말입니다. "내가 허접하게 말할 테니[妄言] 자네도 허접하게 들어[妄聽]!"라는 대목입니다. 어차피 나도 나 자신을 잘 모르고 물론 상대방에 대해서도 잘 모를뿐더러, 내가 하는 말의 개념이 정확하게 무엇인지도 잘 모르면서 남에게 지껄이니 적당히 들으라는 것입니다. 너무 심각하게 듣고서 꼬치꼬치 따지려 들지 말라는 것이죠. 우리는 서로가 서로를 잘 모르고, 알 길도 없습니다. 내가 가지고 있는 확증, 심증 다 따져봤댔자 토대는 없어요. 우리가 구축한 것들은 다 그렇다는 겁니다. 궁극적으로 이러한 겸손함, 열어놓음, 던져놓음, 버림이 필요합니다.

여러분이나 저나 모두 '의미'를 추구하는 동물입니다. 그래서 인간입니다. 그런데 어느 순간 의미라고 붙잡은 것을 모두 잃어버리는 순간이 찾아옵니다. 여러분이 꼭 거머쥐고 싶었던 의미라는 것이 다 산산조각 났을 때, 실낱 하나도 남김없이 모든 의미가 사라진 바닥에 내동댕이쳐졌을 때, 그런 무의미 상태에서 자신을 소중하게 껴안고 사랑하는 높은 성찰력을 가질 필요가 있습니다. '분하다', '악하다', '도대체 왜 이럴까', '나는 끝이다' 뭐 이런 생각들을 더 뚫고 내려갈 수 있어야 해요. 그것은 우리가 만들어놓은 그물망, 언어나 가치관의 그물망입니다. 그 수많은 이미지의 장벽에 걸려들고 부딪혀, 그것이 전부인 양 속지 말아야 합니다. 어디에도 걸리지 말아야 해요. 말에도 걸리지 말고, 표정에도 걸리지 말고, 슬픔에도 걸리지 말고, 번뇌에도 걸리지 말고, 행복이라는 환상에도 걸리지 말고, 절망에도 걸리지 말아야 합니다. 안 걸리고 내가 주인공으로 사는 연습을 하려고 여러분이 이 자리에 온 것입니다. 그렇게 살면 회사에서 쫓겨나더라도, 실직하더라도 잘 살 수 있습니다. 제가 아는 분이 어느 회사의 고위직에서 쫓겨나 정신병원을 전전하다가 자살 기도하기를 몇 번…, 그러다가 결국 세숫대야에 얼굴을 박고 죽었다는 소식을 들었습니다. 참 안타까운 이야기입니다만, 자신과 사회가 쳐놓은 이미지 그물에 걸려 헤어나지 못한 것입니다.

그럴 필요가 없습니다. 국가와 사회가 쳐놓고, 정치와 교육이 쳐놓고, 인간이 쳐놓은 언어와 개념의 거미줄, 그물망, 욕망과 문명의 어젠다에 제발 턱 걸려들지 마십시오. 붙들리지 마십시오. 봉착변살逢著便殺! 무엇이든 집착하는 것을 만나면 없애버려라! 문제 자체를 관망하고 그 꼭대기에 올라서서 굽어보는 연습을 하는 것이 좋습니다. 문제 그 자체에 매달려 끌려 다니지 마십시오. 그것을 바로 보는 연습을 하십시오. 그럴 때 내가 내 삶의 당당한 주인이 됩니다. 달콤한 사탕에도, 사랑에도 걸리지 말고, 절망에도, 슬픔에도, 고독에도, 고통에도 걸리지 마십시오! '그물에 걸리지 않는 바람처럼 무소의 뿔처럼 혼자서 가'야 합니다. 비록 외롭거나 힘들더라도 홀로 쭉쭉 당당하게 걸어 나아가는 겁니다.

자기로의 여정을 시작하며

◦

◦ 강신주

강
신
주

○

상아탑에서 벗어나 대중과 소통하는 우리 시대의 대표 인문학자. 동서양 인문학을 종횡하며 카리스마 있는 인문학 강연자로 활발한 활동을 하고 있다. 주요 저서로『철학, 삶을 만나다』,『철학 vs 철학』,『철학이 필요한 시간』,『철학적 시 읽기의 괴로움』,『강신주의 감정수업』,『강신주의 다상담 1, 2, 3』,『매달린 절벽에서 손을 뗄 수 있는가?』,『강신주의 노자 혹은 장자』,『마크 로스코』,『씨네 샹떼』등이 있다.

여러분은 20살로 살겠습니까, 아니면 1살로 살겠습니까?

　집필과 대중 강연으로 너무 바빠서 대학 강단에 서지 않은 지도 꽤 오래됐습니다. 돌이켜보면 강단에 설 당시 저는 너무나 행복했습니다. 파릇파릇한 대학생들, 그것도 신입생들 앞에 선다는 것 자체가 주체할 수 없는 희열이었으니까요. 아니, 어쩌면 시샘이었는지도 모르겠습니다. 어떤 인생이라도 펼쳐질 수 있는 그 수많은 가능성을 품고 있는 사람들이 어떻게 부럽지 않을 수 있겠습니까? 그런데 안타까운 것은 그들이 자신의 폭발적인 잠재성을 별로 자각하지 못하고 있다는 사실입니다. 심지어 일부 대학생들은 고등학교 시절의 연장인 것처럼 하루하루를 보내기도 합니다. 이래서야 어떻게 자신의 가능성과 잠재성을 확인할 수 있겠습니까? 술을 마실 수 있게 된 것, 교재가 원서로 바뀐 것, 강의실을 옮겨 다니며 강의를 듣는 것을 제외하고는 별로 달라진 것이 없는 하루하루를 보내고 있으니 말입니다. 그래서 대학 신입생들은 대학이 고등학교와 별로 다를 것이 없다고 실망하기도 합니다. 과연 그럴까요? 오히려 변하지 않은 것은 신입생들 자신 아니었을까요?

안타까움에서 저는 첫 강의를 이런 화두로 시작하곤 했습니다. "여러분은 20살로 살겠습니까, 아니면 1살로 살겠습니까?" 그럼 대부분의 학생들은 당연히 고개를 갸우뚱거립니다. 사실 저의 화두는 지금까지 부모님과 선생님, 그러니까 사회가 원하는 것이 자신의 꿈인 양 살아왔다는 사실을 자각하라는 요구라고 할 수 있습니다. 하긴 스스로 독립할 수 없었던 나약한 유년기와 청년기에 우리가 어떻게 부모님과 선생님의 꿈을 부정할 수 있었겠습니까? 그래서 정신분석학자 라캉도 말했던 것입니다. "나는 타자의 욕망을 욕망한다." 정확히 말해서 우리는 나를 돌보아주고 있는 타자가 원하는 것을 원할 수밖에 없고, 그가 금지하는 것을 금기시한다는 것입니다. 예를 들어 어머니나 선생님이 높은 성적을 얻기를 원한다면, 우리는 높은 성적 얻기를 욕망할 수밖에 없다는 것이고, 그들이 집이나 교실을 어지럽히는 것을 싫어한다면, 우리는 더러워짐을 금기시할 수밖에 없다는 겁니다. 그들의 욕망을 실현하고 그들의 금기를 따른다면, 그들로부터 지속적인 사랑과 관심을 확보할 수 있을 테니까요.

이제 분명해지지 않았나요? 여러분은 이제 타자의 욕망이 아니라 지금까지 억압했던 자신의 욕망을 되찾아야 합니다. 그래서 20살로 산다는 것은 지금까지 그랬던 것처럼 타자의 욕망에 따라 사는 것이라면, 1살로 산다는 것은 드디어 처음으로 자신의 욕망에 따라 산다는 것을 의미합니다. 분명 20살로 사는 것이 1살로 사는 것보다 편할 수밖에 없습니다. 당연한 일이죠. 20년 동안 익숙했던 걸음걸이로 걷는 것이 새로운 걸음걸이로 아장아장 위태롭게 걷는 것보다 더 안전한 일이니까요. 그럼에도 불구하고 여러분이 20살의 안락함을 버리고 1살의 위태로움을 살아내야만 하는 이유는 무엇일까요? 그것은 노예가 아니라 주인으로 살기 위해서입니다. 타자가 시키는 대로 말하고 행동한다면, 그러니까 타자의 욕망에 따라 살아간다면, 우리는 자신의 삶의 주인이라기보다 타자의 노예에 지나지 않습니다. 노예로서 삶을 잘 영위한다면, 행복을 느끼는 것은 바로 주인이지 우리가 아닙니다. 이 경우 우리가 행복을 느낀다면 그것은 바로 행복한 주인이 우리 자신을 아껴주리라는 기대 때문일 겁니다. 얼마나 불행한 삶인가요? 그러니까 제가 첫 강의 시간에 던진 화두는 자신의 삶을 노예로서 영위할 것인가, 아니면 주인으로서 영위할 것인가를 결단하라는 시급한 요구였던 것입니다.

20살 이전까지 우리는 자신의 모습이 아니라 타자가 바라는 모습이 되기 위해 얼마나 자신을 부정해왔습니까?

『화엄경華嚴經』이라는 불교 경전을 아시나요? '화엄'이라는 말은 들판에 잡다하게 피어 있는 수많은 들꽃들의 장관을 가리킵니다. 모든 존재가 자기만의 가능성과 삶을 긍정하며 만개하는 것, 이것이 바로 대승불교의 정신입니다. 그러니까 불교에서의 자비란 바로 자기만의 삶을 긍정하지 못하는 존재에 대한 연민과 다름없는 것입니다. 향이 옅다고 나쁜 꽃이고, 색이 탁하다고 무가치한 꽃도 아닙니다. 그들은 모두 자기만의 자태와 향취의 주인공이기 때문입니다. 바로 이것이 주인의 모습입니다. 반면 노예는 붉은 장미꽃이 가치 있다고 해서 꽃잎을 장미 모양으로 만들고 색깔을 붉게 하려는 노란 개나리에 비유할 수 있습니다. 아무리 장미꽃에 근접하게 자신의 모양을 꾸민다고 해도 개나리로서는 얼마나 비극적인 상황입니까? 자신의 잠재성을 부정하고 성장한다는 것, 혹은 자신을 부정하면서 살아간다는 것은 너무나 애절한 일입니다. 20살 이전까지 우리는 자신의 모습이 아니라 타자가 바라는 모습이 되기 위해 수없이 자신을 부정해왔습니다. 그만큼 우리는 스스로 행복을 포기해왔던 것입니다. 주인이 된다는 것이 타인을 노예로 부린다는 것을 의미하지는 않습니다. 주인이 된다는 것은 단지 타인의 노예가 되지 않겠다는 결단이기 때문입니다. 오히려 그 반대로, 우리가 내 삶의 주인이 되는 순간, 우리는 동시에 타인도 그의 삶에서 주인이 되어야 한다는 것을 긍정할 수밖에 없게 됩니다.

싯다르타가 이 세상을 떠나려고 할 때 제자들은 몹시 슬퍼했습니다. 스승이 없어지면 자신들의 갈 길이 막막하기만 했기 때문입니다. 이런 제자들에게 싯다르타는 마지막 사자후를 남깁니다. "무소의 뿔처럼 혼자서 가라!" 개나리는 개나리로 만개하고,

히아신스는 히아신스로 만개하고, 장미는 장미로 만개할 뿐입니다. 그러니 히아신스가 장미를, 장미가 개나리를, 개나리가 히아신스를 모방할 일이 아닙니다. 물론 아직 자신만의 꽃을 피우지 못한 제자들, 다시 말해 자신의 잠재성을 실현하지 못한 제자들로서는 '천상천하유아독존天上天下唯我獨尊'이라는 깨달음을 얻은 싯다르타가 자신의 이상형으로 보일지도 모릅니다. 하지만 이 세상에서 나만이 유일하게 존귀하다는 선언은 싯다르타에게만 적용되는 것이 아니라 그의 제자들, 나아가 우리에게도 그대로 적용되는 것입니다. 아직 자신이 존귀하다는 깨달음을 얻지 못한 우리는 안데르센의 동화에 등장하는 미운 오리 새끼일지도 모릅니다. 자신이 백조라는 것을 모르니, 멋진 오리가 되려고 욕망할 수밖에요. 이럴 때 "무소의 뿔처럼 혼자서 가라!"는 가르침은 너무나 절절한 것입니다.

흥미롭게도 니체도 싯다르타와 동일한 사자후를 토했던 적이 있습니다. 니체의 차라투스트라도 자신의 제자들에게 이렇게 말했습니다. "나를 버리고 그대들 자신을 찾도록 하라. 그리하여 그대들 모두가 나를 부정하게 된다면, 그때 내가 다시 그대들에게 돌아오리라." 『차라투스트라는 이렇게 말했다』에 나오는 구절입니다. 차라투스트라의 가르침은 일체의 외적인 권위에 기대거나 모방하지 말라는 명령으로 요약될 수 있습니다. 그래서 니체는 차라투스트라의 입을 빌려 신은 죽었다고 선언했습니다. 서양에서 신이란 존재는 인간에게 절대적인 모방의 대상이기 때문입니다. 모방의 대상이 있다면 어떻게 자신의 가능성을 현실화할 수 있겠습니까? 신만이 모방의 대상일까요? "누구도 모방하지 말라"는 차라투스트라 본인이나 그의 가르침도 바로 모방의 대상이 아닌가요? 그래서 자신의 절대적인 존귀함을 깨달은 차라투스트라도 "나를 부정하라"고 말했던 것입니다. 비트겐슈타인도 그의 주저 『논리철학논고』에서 이렇게 말했습니다. "사다리를 딛고 올라간 후에는 그 사다리를 던져버려야 한다."

지금까지의 삶에서 감히 하려고도 하지 않았던 것에 기꺼이 몸을 던져야 합니다.

자신의 잠재성을 긍정하고 그것을 욕망하는 것이 바로 주인의 삶입니다. 아니면 타자의 욕망이 아니라 자신의 욕망에 따라 사는 것이 바로 주인의 삶이라고 해도 됩니다. 그런데 여기서 심각한 의문이 제기될 수 있습니다. '나만의 욕망을 어떻게 찾을 수 있는가?' 사실 나만의 욕망이라고 해도 시간이 지나면 나만의 욕망이 아니라 타자로부터 각인된 욕망인 경우가 너무나 많습니다. '어떻게 지금 나 자신이 욕망하는 것이 나만의 욕망이라는 사실을 확인할 수 있는가? 혹시 나만의 욕망이라는 것은 존재하지 않는 것은 아닌가?' 주인의 삶을 영위하기로 결심하자마자 우리에게 너무나 많은 의문이 눈사태처럼 몰려올 것입니다. 어떻게 하면 우리는 자신만의 욕망을 되찾을 수 있을까요? 혹은 자신만의 잠재성을 확인할 수 있을까요? 별다른 방법이 있을 수가 없습니다. 그저 무엇이든지 직접 스스로 부딪히고 느끼도록 노력해야 합니다. 이런 와중에서 우리는 자기 자신이 무엇을 좋아하는지, 그리고 무엇을 욕망할 때 가장 행복한지를 조금씩 깨닫기 시작할 테니까요.

예를 들어볼까요? 베토벤에게는 32개의 피아노 소나타가 있습니다. 이걸 모두 들어보는 겁니다. 어떤 친구는 27번을 좋아할 것이고, 어떤 친구는 8번을 좋아할 것입니다. 그런데 놀랍게도 나는 25번을 좋아한다는 것을 확인할 수 있습니다. 물론 이 경우에 다른 친구도 나와 마찬가지로 25번을 좋아할 수 있습니다. 그렇다면 더 깊숙하게 들어가야 합니다. 그러다 보면 어느새 알게 됩니다. 내가 좋아하는 것은 25번 소나타의 1악장이고, 그 친구가 좋아하는 것은 3악장이라는 사실을. 이렇게 일체의 선입견 없이 나의 감정이 어디로 움직이는지를 하나하나 확인해봐야만 합니다. 25번 소나타 1악장을 좋아하는 것, 그래서 그런 선율이 울려 퍼지기를 바라는 것이 바로 나의 욕망입니다. 음악만이 나의 욕망이 무엇인지를 가르쳐주는 것은 아닙니다. 수많은 문학 책도, 수많은 그림도, 수많은 영화도, 그리고 수많은 지역도 내가 누구인지, 그리고 나의 욕망이 무엇인지를 가르쳐줍니다. 이제 찾으세요. 클래식 작곡가들 중에서 누가, 그리고 어느 부분이 제일 마음에 드는지. 수많은 소설가 중에서 누가, 그리고 어느 작품이 가장 나의 내면을 건드리는지. 이 드넓은 세상에서 어느 나라, 어느 지역이 가장 나를 행복하게 하는지.

대학에서 정해준 일정, 학생회에서 개최하는 행사만으로는 나의 욕망을 찾기에 턱없이 부족합니다. 지금과는 완전히 새로운 것, 지금까지의 삶에서 감히 하려고도 하지 않았던 것에 기꺼이 몸을 던져야 합니다. 아마도 그런 것들은 여러분의 부모님이나 학교에서 원하지 않는 것, 혹은 세상이 여러분의 삶을 파괴할 것이라고 경고했던 것일 수도 있습니다. 그렇지만 여러분이 명심하셔야 할 것은, 우리는 자신이 하지 않은 것만을 두려워합니다. 번지점프를 하지 않은 사람만이 번지점프를 지나치게 두려워하는 법입니다. 최소한 번지점프대에서 서너 번 뛰어내린 다음에 이야기합시다. "번지점프는 내게 맞지 않는다"고. 물론 많은 경우 나의 욕망을 찾기보다는 피로와 환멸이 찾아올지도 모릅니다. 그렇지만 피로와 환멸마저도 부정적이나마 나의 욕망을 찾는 데 도움이 되는 법입니다. 최소한 내게 피로와 환멸을 가져다주는 것은 내가 욕망하는 것이 결코 아닐 테니까요. 결국 나 자신을 찾는, 나만의 욕망을 찾아가는 여정은 너무나 힘들고 위태로운 일일 수밖에 없습니다. 하지만 처음에만 그렇습니다. 1살의 걸음인데 어떻게 좌충우돌하는 위태로움을 피할 수 있겠습니까? 그렇지만 생각해보세요. 어느 사이엔가 우리는 2살이 될 것이고, 3살이 될 것입니다. 그리고 마침내 10년 뒤 10살이 될 것입니다. 얼마나 뿌듯한 일인가요? 주변 사람들은 타인의 욕망대로 30살이 되어 있을 때, 우리는 당당히 주인으로 10살의 걸음, 자기만의 걸음을 걸을 수 있을 테니까요.

질문과 대답

자신의 욕망과 사회의 욕망이 다를 땐 어떻게 해야 하나요?

이건 너무나 쉬운 거예요. 사회라는 말을 안 써도 되고, 어머니라고 해도 되고 부모님이라고 해도 되고 상관없어요. 내가 원하는 것과 타인들이 원하는 것, 이 둘 중에 하나예요. 비겁하면 사회의 욕망을 따르는 거고, 용기 있으면 자신의 욕망대로 가는 거예요. 이 둘이 다를 뿐만 아니라 대립할 때, 우리는 고민을 하게 됩니다. 그렇지만 고민이 심해지면, 대개의 경우 우리는 사회의 욕망을 따르게 될 겁니다. 사회의 욕망을 따르는 것은 지금까지 해왔던 익숙한 일이고, 자신의 욕망을 따르는 것은 처음 해보는 것이고 낯선 것이지요. 고민을 오래한다는 것은 결국 익숙한 것과 낯선 것을 선택하는 데 주저한다는 겁니다. 이럴 때 고민할 것도 없이 그냥 낯선 것을 선택하면 됩니다. 아니 선택이 아니라, 번지점프를 하듯 그냥 낯선 것에 몸을 던져야 합니다. 그래서 자신의 욕망을 따르는 사람은 이런 고민을 안 하고 그냥 자신의 욕망대로 당당하고 쿨하게 살아갑니다.

여러분은 대개 부모가 원하는 것인데 자기가 원한다고 생각하고 살아요. 대개가 그래요. 그런데 질문하신 분은 내 욕망이란 게 생긴 거예요. 그래서 내 욕망을 따르려고 하니 부모가 싫어하는 거죠. 교수도 싫어하고. 여기까진 좋아요. 그런데 고민 끝에 자신

자기로의 여정을 시작하며

의 욕망을 포기해요. '타인의 욕망을 받아들여야지', 이렇게 되는 거예요. 여기서 필요한 덕목은 용기입니다. 용기요, 용기. 인생의 가장 큰 덕목이 뭔가요? 지혜? 인성? 개소리예요. 용기 없는 사람이 인성을 자유롭게 쓸 수 있을 것 같아요? 누군가가 날 괴롭히고 닦달하면 이렇게 정신적으로 휘둘리고 있는 사람이 다른 사람한테 잘해줄 것 같아요? CEO나 사장한테 부대끼는 사람들이 자기 아이나 노숙자를 돌볼 힘이 있을 것 같아요? 없죠?

자기가 원한다는 것을 알면 돼요. 이걸 아는 사람들이 고뇌를 하거든요? 물론 너무 오래 고민하는 것은 위험합니다. 비겁할 여지가 생기니까요. 어쨌든 자기가 원한다는 말에 이미 다 있어요. 나만 원한다는 거잖아요. 이건 어머니의 욕망도 아니고 아버지의 욕망도 아닌 거예요. 이거라도 있으면 대학 시절을 잘 보내는 거예요. 그런데 여러분들 그런 고민 없죠? 평범한 거예요. 자기 삶을 사랑한다면 주인은 자기가 원하는 일을 하고 노예는 주인이 원하는 일을 해요. 사회가 원하는 일을 했을 때 여러분은 노예예요. 주인은 자기가 원하는 일을 하는 사람이에요. 자기가 원하는 것을 알면 골치 아프죠. 알면 해야 하니까요. 그래서 여러분은 무의식적으로 멍 때리면서 사는 삶을 선택하는 거예요. 학교 캠퍼스 왔다 갔다 하면서 시험 보고, 족보 보고, 이렇게 4년을 그냥 보내는 거예요.

자기가 원하는 것을 안다는 것은 정말 강한 모습이에요. 그런데 대학교 때 그것을 찾지 못하면 불행한 거죠. 굉장히 후회할 거예요. "자신의 욕망과 사회의 욕망이 다를 때 어떻게 해야 하나요?" 왜 이걸 묻냐면, 사회의 욕망이 무서운 거예요. 안정적으로 살고 싶으니까. 아버지한테 "나 대학 안 갈래. 재즈 할래"라고 말하면 개 맞듯이 맞을 각오를 해야 해요. 그런데 그렇게 맞고 나서 여러분은 재즈를 하면 돼요. 맞으면 하나의 면죄부가 생기는 거니까. 사실 감당할 자신이 없기 때문에 우리는 자신의 욕망을 알려고 하지 않죠. 나는 너무나 학교가 싫고 너무나 만화를 그리고 싶다. 그걸 알면, 학교를 그만두어야 하는데 그걸 감당하기 무서운 거예요. 우리가 우리 욕망을 모른다? 아니에요. 정확히 말해 알까 봐 무서운 거예요. 알고 싶어요? 아니에요. 모르는 것이 나아요. 알면 아버지한테 맞고 대학교도 그만둬야 하니까.

대학이라는 이 시간에 무엇을 해야 할까요? 고등학교 때보다 널널하죠. 그 시간 동안 책을 읽고 음악을 들으며 조용한 시간을 많이 가져야 해요. 그리고 밖으로 나가서 격렬하게 시위도 하고 열정적인 사랑도 하고 여행도 해야 해요. 그리고 바로 이 순간 그 어떤 것, 즉 자신만의 욕망을 잡아야 해요. 이걸 잡는 순간 여러분은 진짜 멋지게 좀 살아야죠. 부모와도 싸우고, 사회와도 싸우고, 역사와도 싸우고, 대통령과도 싸울 사람이 되어야죠. 우리 질문자가 멋있는 질문을 한 거예요. "자신의 욕망과 사회의 욕망이 다를 때 어떻게 해야 하나요?" 이 '어떻게'가 애절하기도 하지만, 여러분은 부럽기도 하죠? '이 학생은 자신의 욕망을 알고나 있네. 나는 뭐지?' 이런 생각을 해보면 돼요. 인생을 살아가는 데 있어서 가장 중요한 덕목이 뭐라고 했죠? 용기예요. 용기가 있어야 지혜도 얻고 용기가 있어야 견문도 생겨요. 나이가 들면 용기가 사라져요. 여러분은 용감할 나이예요. 무식해야 해요. 미리 재면 안 돼요. 공포감이 없어야 해요. 안 해본 걸 무서워하는 거예요. 인간의 공포의 특징은 해보지 않은 걸 두려워하는 거라고 말씀드렸죠? 여러분 자퇴해봤어요? 안 해봐서 무서운 거예요.

자신만의 꽃을 피우기 위해서는 다양한 노력을 해야 합니다. 그런 노력의 일환으로 자신의 롤모델이나 자신보다 뛰어난 사람들을 모방하는 것도 필요하지 않을까요?

모방하지 마세요. 무슨 롤모델이에요. 들판에 수많은 꽃이 있는데 멀리서 보면 비슷해 보여도 가까이에서 자세히 보면 다 달라요. 그런데 그 꽃들이 누구를 롤모델로 가지나요? 다 다른데 누구를 흉내 내요. 옆에 있는 꽃을 흉내 내요? 여러분도 마찬가지예요. 여러분의 스승은 바로 여러분 자신이에요. 내 인생이고 내 욕망인데 누구를 흉내 내나요? 흉내 내면 절대로 안 돼요, 그럼 망하는 거예요. 그럼 답이 없죠? 어떻게 하라고요? 그냥 막 하세요. 한 번이라도 막 해봤어요?

(한 학생을 앞으로 부르며) 여기 나와서 지구상에서 인류가 한 번도 안 해본 동작을 해보세요. (학생: 한 번도 안 해본 동작은 없는 것 같습니다.) 한 번도 안 해본 동작이 왜 없어요. 피카소 그림이 나왔을 때 그전에 그런 그림이 안 나왔었잖아요. 처음에 그 그림을 교수들이 봤을 때, "저 미친놈, 왜 그림을 저따위로 그려!"라고 했을 거예요. 피카소가 왜 그렇게 그렸지요? 그렇게 그려야 자기감정을 가장 잘 표현할 수 있으니까요. 다른 사람들은 다 흉

내를 냈는데, 피카소는 아니었어요.

이 친구를 보면 자기 욕망이 저어기 밑에 있어서 없어질 지경인 것처럼 보여요. 이 친구의 머리, 옷 등 전부 튀지 않는 것들을 하려다가 자충수가 된 격이에요. 그래서 이 친구의 야성을 끄집어내야 돼요. (학생에게) 그 어디에서도 본 적이 없는 동작을 해보세요. (이상한 동작을 한다.) 이거 어디서 본 것 같은 사람? 봤죠? (다른 동작을 한다.) 이것도 어디서 본 거 같죠? (계속 처음 동작에서 변주를 한다.) 독창적인 걸 좀 해보세요. (그러자 마이크를 잡고 "강신주!"라고 외친다.) 하하! 들어가세요. 조금만 더 시켰으면 저를 때렸을 것 같아요.

이 친구가 여기서 고민을 했잖아요. 아무도 안 한 동작이 무엇이 있을까? 여러분은 학점 잘 받아서 뭐 할 건데요? 가장 흉내를 잘 내는 사람이 돼서 뭐 할 건데요? 그건 나의 욕망이 아니잖아요.

(앞에 나왔던 학생에게) 지금 그 느낌을 기억하세요, 앞으로.

나의 정체성을 찾고 하고 싶은 일을 하기 위해서는 포기해야 될 것들이 많은데, 그럼에도 불구하고 그냥 밀어붙여도 될까요?

비슷한 질문이죠? 처음이 힘든 거예요. 처음만. 포기를 해봐야 해요. 별 게 아닌 것을 알아야 해요. 대학 잘 다니는 법 가르쳐드릴까요? 학교에 휴학계를 내고, 내가 스톱할 수 있어야 해요. 내가 그만둬봐야 해요. 학교 자퇴도 해봐야 해요. 자퇴하는 것도 쉬워요. 어느 날 바람이 너무 세게 분 거예요. '바람이 너무 세게 불어서 자퇴한다'고 하세요. 그만큼 학교는 사소한 거예요. 여러분이 더 커요. 회사를 그만둘 때도 '회사 엘리베이터가 느려서 그만둔다'고 하세요. 제가 무슨 말 하는지 아시겠어요? 그렇게 사소한 일로 사소하게 그만둬야 한다는 거예요.

언제 여행을 가야 하나요? 여행을 몇 달 전부터 계획하고 하루 종일 준비해서 가는 게 아니라 그냥 가면 돼요. 준비하는 사람이 무슨 여행을 가요. 가벼워야 해요. 여러분이 커지면 세계가 가벼워져요. 회사, 학교, 돈이 다 가벼워져요. 반대일 경우 내가 쪼그라들어요. 돈도 커지고, 회사도 커지고. 학교 와서 내가 커졌다고 생각하나요? 아니면 내가 작아졌다고 생각하나요? 작아졌으면 학교가 교육을 잘못 시킨 거예요. 내가 약해지면 세계가 커 보여요. 중국 그림들 봤죠? 귀족들은 크게 그리고 노예들은 작게 그려요. 그러면 여러분은 큰가요? 이 세상에서 여러분이 가장 커야 해요. 학년이 올라갈수록 내가 커져야 해요.

불행히도 지금 대학에 강연을 다니다 보면 1학년이 제일 크고 학년이 높아질수록 작아져요. 대학원생들은 거의 없어져요. 서울대 교수들이 요즘 성추행 사건을 일으켰는데 그 대상이 대학원생들이에요. 박사 학위 논문을 써야 하고 지도 교수니까 학생들이 작아지는 거죠. 여러분 부모님 보면 너무 자잘하죠? 속물로 보이기도 하죠? 그런데 어느 날 여러분이 부모님을 이해하게 된다? 그러면 큰일 나는 거예요, 어른이 되는 게 아니라. 그러니 엄마의 취업 걱정에 합류하지 말고, 엄마한테 "취업 못해서 죽나요?" 이렇게 말하세요. 취업 못해서 죽나요? 취업이 안 됐으면,

가만히 생각해보세요. '어, 시간이 많은데?' 이런 생각을 빨리 해야 돼요. 중요한 것은 내가 얼마만큼 큰가 작은가예요. 여러분이 제대로 공부를 했으면 갈수록 커져요.

회사에 신입 사원들이 들어오면 회사에서 강연을 해요. 회사에서 저를 불러서 사원들이 열심히 근무할 수 있도록 강연 잘 부탁한다고 말해요. 그러면 최선을 다하겠다고 하고 제가 하는 이야기는 언제 회사를 그만둬야 하는가예요. 이 회사 아니면 못 먹고산다는 느낌이 들 때 회사를 그만둬야 한다고 해요. 그때 그만 못 두면 상사 말만 듣고 회사 말만 듣고, 결국 회사에서 인정도 못 받고 끝난다고.

여러분 인생에서 뭔가를 고민할 때가 올 거예요. '이거 할까? 저거 할까?' 그럴 땐 100% 힘든 것을 선택하면 돼요. 하나는 힘든 거고 하나는 익숙한 걸 거예요. 익숙한 것을 하면 배운 것도 없고 당연히 인생도 변하지 않아요. '집에 있을까? 아니, 여행 갈까?' 이런 생각이 들 땐 여행을 가야 해요. 사람은 안전을 지향하면 인생이 끝나는 거예요. 여행도 안전하게 가면 못 즐겨요. 두 가지의 고민이 있어요. '집에 있을까? 자취할까?' 이런 고민이 들면 나오면 돼요. 언제 집에 있으면 돼요? 집이 좀 힘들면. 여러분의 인생의 고민은 지금 것을 유지하면서 살아가는 삶과 변화하는 삶이에요. 기존에 해왔던 것의 연장선상인 A. 기존의 것들을 완전히 포기하고 기득권을 포기하는 B. 선택은 100% B예요. 무조건 어려운 것을 선택한다. 산 타는 사람들의 산 타는 요령은 '무조건 어려운 길로 간다'예요. 거기가 경치가 더 좋을 거니까.

남이 갔던 길로 가지 않아요.

자퇴 한번 해보세요. 오늘 바람도 부는데. 이거 우습게 들리죠? 그렇게 가볍게 움직여야 해요. 타인한테 맞추지 말라고요. 교수 눈치를 보지 말라고요. 어린아이의 특징은 남의 눈치를 보고 남의 인정을 받으려고 하는 거잖아요. 어른들은 남의 인정을 받는 게 아니라 본인이 남을 인정해줘야 해요. 똑같은 말로 어린이는 사랑을 받으려고 하고 어른은 사랑을 하려고 해요. 그런데 여러분은 사랑받으려고 하죠? 누가 잘해주면 좋죠? 그건 어린아이의 속성이에요. 누군가 여러분에게 "오늘 너무 예쁜 거 같아"라고 하면, 여러분은 한마디 해야죠. "지랄하지 마, 힘들어 죽겠어." 그런데 여러분은 그런 소리 들으면 금방 얼굴이 해맑아져요. 남의 눈치를 본다는 건 그 사람의 관심과 사랑과 인정을 받으려 한다는 거고, 그 사람이 나보다 높다는 거예요. 이해되죠? 자꾸 세상이 무겁고 커진 거예요. 나보다도 더.

철학은 학문으로서 처세술과는 다른 점이 무엇인지 궁금합니다.

제가 지금 처세에 관해 이야기했나요? 인문학과 철학은 처세에 관한 것이 아니라, 인문학의 주어는 '나'예요. 잘해봤자 '너'까지. '우리'가 됐을 때 사회과학이 돼요. 인문학은 한 사람 한 사람이 당당하게 살아가기를 지향하는 거예요. 혹여 어떤 철학자가 "이렇게 하면 직장 생활 잘해요"라고 말한다면 그건 전부 엉터리예요. 인문학은 절대 그렇게 출발하지 않아요.

인문학자는 글을 써야 돼요. 인문 정신은 글을 쓰는 거예요. 남을 흉내 내는 게 아니라 나의 글을 쓰는 거예요. "신은 죽었다"고 니체가 말한 것은 결정적인 거예요. 더 이상 신을 모방하지 않는다는 거죠. 신의 욕망대로 살아가는 사람이 무슨 인문 정신이에요, 노예지. "신은 죽었다"라고 니체가 말할 때 내가 주인이고 내가 글을 쓰는 거예요. 인문학은 거기서부터 시작하는 거예요. 글 썼다고 인문학인가요? 내 이름으로 글을 쓰는 게 중요해요. 자기만의 문체, 자기만의 글, 나니까 쓸 수 있는 글을 쓰는 거예요.

여러분이 인문학을 공부하고 시를 공부하고 다 공부하는 이유가 뭔지 아세요? 그걸 읊조리려고 공부하는 게 아니에요. 저 사람은 저렇게 썼으니까 나도 써야 하는 거예요. 글이 아니어도 돼요. 내 삶에 기승전결을 만들어야 하잖아요. 내가 주인공이 되고 작가가 돼야 하잖아요. 작가가 영어로 뭐죠? '어서author'죠. '어서리티authority'는 권위죠. 리포트를 베낀 사람은 권위가 없어요. 흉내 내는 건 내 삶이 아니에요. 친구들이 결혼한다니까 결혼하고, 미팅 간다니깐 또 미팅 가요. 이게 뭐예요. 작가가 아니라 모방이죠. 나는 '어서'란 말이에요. '어서'로 살아야 삶의 생동감이 생겨요. 여러분은 '어서'예요?

지성의 전당이라는 대학에 들어왔을 때 여러분은 저자로 글을 썼나요? 한 번이라도? 여러분의 가벼움은 거기서 와요. 한 학기에 제발 한 편이라도 여러분이 판단을 해서 써요. 여러분을 위해서. 남 흉내? 계속 잘 쓴 사람 글 짜깁기해서 쓰는 거요? 잘 생각해보세요. 인문학이란 별거 없어요. 신을 죽여버리는 거예요. '신쯤이야'라고 생각하고, '지옥도 땡큐. 가도 돼'라는 생각으로. 우린 지옥에서도 나올 수 있어요. 지옥에서도 내가 더 중요한 걸요. 뜨겁다고 나오면 돼요. 우리가 왜 회사를 그만뒀는데요. 비데의 수압이 약해서 나온 게 우린데, 지옥에서 그 뜨거움을 견딜 거 같아요? 여기서 그렇게 살면 거기가 어디든 거기서도 그렇게 살 거예요.

취업 준비를 하면서 가장 큰 고민은 사회에서 원하는 인재가 되어야 한다는 압박감으로 인해서 낮아지는 자존감이 아닐까 싶습니다. 20여 년간 저만의 색깔로 잘 걸어왔다고 생각했지만 털털하고 자유로운 성격이 이렇게 치명적이게 될 줄은 몰랐어요. 그래서 자기소개서를 자소설이라고도 하나 봅니다. 여기에 대한 선생님의 생각을 듣고 싶습니다.

여러분은 일하는 걸 소중하게 여기세요? 무언가 일을 하고 땀을 흘리는 걸 소중히 여기시나요? 그래요? 돈이 안 돼도? 자본주의사회의 핵심은 돈이 우위에 있다는 거예요. 우리는 돈이 없고 걔들은 돈이 있어서 우리의 노동력을 사는 거예요. 그래서 맑스가 자본주의 시대를 보편적 매춘의 시대라고 한 거예요. 내가 원하는 일을 하는 게 아니라 손님이 원하는 일을 하니까요. 자존감이 낮아지는 건 당연하죠. 자존감은 주인이 갖는 덕목인데 우리는 주인이 아니잖아요. 그들이 원하는 대로 해야 하니까. 그들에게 맞춰야 하니까. 그들이 엉덩이를 내밀면 똥구멍도 핥아야 하니까. 그들이 스와힐리어라는 아프리카 언어를 입시 과목으로 넣으면 스와힐리어를 배우러 학원에도 다닐 거니까. 영어가 좋아서 하는 게 아니라 먹고살려고 하는 거니까. 그런데 우리가 그 사이에 배우는 게 뭔지 아세요? 자본주의사회에서 자본가들이 우리의 노동이 자본보다 낮다고 폄하시키는데 우리는 그걸 배워요. 돈만 벌면 된다는 생각을 가지고 내가 하는 노동은 비하한다는 거예요.

여러분이 돈이 되는 일만 가치가 있다고 생각하는 순간 여러분은 죽어요. 여러분 돈이 안 돼도 하는 일 있어요? 오히려 돈이 더 드는 일. 내 돈이 들어가는 일. 이럴 때 일이 돈보다 우위에 있지요. 반대로 돈을 벌려고 하는 일이나 혹은 돈만 주면 무조건 하는 일도 있어요. 이럴 때 돈이 일보다 우위에 있지요. 전자가 반자본주의적 일이라고 한다면, 후자는 자본주의적 일이라고 할 수 있을 거예요. 자본주의에 찌든 사람은 돈보다 귀한 일이 뭔지 몰라요. 그렇지만 반자본주의적 일도 있다는 걸 한시라도 잊어서는 안 돼요. 돈이 되지 않더라도 내 일은 소중한 거예요. 아니 돈이 되지 않으면 돈을 벌어서라도 하는 일, 이런 것이 있어야 해요. 내가 일하고 사는 거에 자존심, 자긍심을 가져야 자본주의사회를 살아갈 수 있는 힘이 생겨요.

우리 어머님께서 항상 저한테 그래요. "그게 쌀이 나오냐 돈이 나오냐?" 제가 소설책을 읽을 때 "쌀이 나오냐 돈이 나오냐"고 해요. 무식한 이야기죠. 그러면 내가 하는 모든 일은 나한테 돈을 주는 사람들이 원하는 일이어야 하는 거잖아요. 여러분은 자본과 무관한 일들을 구축해내야 해요. 그게 여러분 삶에서 정말 중요한 거예요. 영남대학교 넓으니깐 텃밭을 가꿔요, 경운기를 가지고. 그냥 일을 해요. 학회실 청소를 해요. 무슨 말인지 아시겠어요? 돈 하나도 안 되는 일을 하세요. 돈 하나도 안 되는데 일을 하면 그건 좋아서 하는 일이라는 말이에요. 그런 일 하는 거 없죠? 돈 안 되면 그냥 가만히 퍼져 있죠? 학원도 그런 학원을 다니세요. 판소리 학원. 졸업 목표는 〈적벽가〉 완창. 하하.

여러분이 돈은 안 되는데 너무 좋아서 하는 일이 하나라도 있으면 여러분은 해고가 된다고 해서 죽지 않아요. 돈이 안 되도 좋은 일을 여러분이 찾아야 해요. 취미라고 부르지 마세요. 취미는 돈이 있으면 하고 없으면 안 하는 거예요. 남자 친구가 나한테 용돈도 주고 맛있는 것도 사주면 사귀고, 아니면 안 사귄다, 이건 취미예요. 가벼워지는 거예요, 인생이 취미인 사람은. 무슨 말인지 이해되시죠? 취미로 살지 마세요.

저는 철학 책을 좋아했어요. 화공과 나와서 철학과를 갔는데 철학과를 왜 갔냐고 다들 물어요. 그냥 갔어요. 그냥. 철학 책을 봤을 때 좋았어요. 그래서 좋은 걸 선택한 거예요. 그리고 계속 했죠. 저는 책을 쓸 때 한 번도 돈을 벌기 위해서 쓴 적이 없어요. 좋아서 쓴 거예요. 일주일 전에 『마크 로스코』라는 책을 탈고했는데, 그 책을 쓰는 동안 너무 행복했어요. 책을 쓰면서 마크 로스코라는 화가의 정신, 그 사람의 그림과 교감하는 건 어떤 여자랑 호텔 방에서 하루 뒹구는 거랑 비교할 수가 없어요. 그 책은 그 사람과 내가 만든 애기 같은 거예요. 그래서 내가 그 사람과 제대로 사랑을 나눈 것 같은 그 결과물에서 느끼는 희열이 있어요. 이번 책도 그랬고, 또 다음 책도 그럴 거예요. 그런데 어떤 학생이 저한테 물어봐요. "선생님, 철학을 하면 돈을 벌 수 있나요?" 제가 철학을 하는 건 취미가 아니에요. 안 팔려도 책을 써요. 책을 쓸 때 행복하니까.

사회에서 취업이 안 된다고 울고 있지 말아요. 자본이 원하는 일이 아니라 내가 원하는 일을 찾아야 해요. "일은 다 싫어." 이러지 말라고요. 여러분 중 일요일에 여행 다니고 막 돌아다니는 분들 있어요? 그러면 그 사람은 건강한 거예요. 그런데 학교생활이 직장 생활처럼 느껴지는 사람은 일요일에 어디 안 가고 자꾸 쉬려고 하죠. 좀 자야 되고, 피곤하죠. 그럼 그렇게 쉬고 나서 월요일에 학교 가서 다시 힘들려고? 그러면 소잖아요. 밭일하다 밤에 쉬고. 여물 먹고 또 나가서 일하고. 왜 일을 해요? 왜 돈을 벌어요? 제게 철학을 해서 돈을 벌 수 있냐고 물은 학생에게 이렇게 말했어요. "네가 진짜 철학을 좋아한다면 그걸 하기 위해서 돈을 벌 거다. 네가 철학을 계속하다가 철학적 글을 쓰고 강연을 해서 먹고살면 좋겠지만, 그렇지 못하더라도 네가 진짜로 좋아하면 그걸 하기 위해서 돈을 벌 거다. 진짜로 좋아하는 일을 하는 게 행복하니까." 여러분은 그런 일을 찾았냐고요? 내가 진짜로 좋아하는 거. 내가 욕망하는 걸 찾았냐고요? 내가 좋아하는 일을 하는 게 그래서 중요한 거예요. 절대로 스스로 목숨을 끊을 일은 없을 테니까요. 요만큼의 희망만 있어도 우린 죽지 않아요.

어른들이나 선생님들이 여러분을 잘못 가르치잖아요. 사회가 원하고 자본가들이 원하는 대로 강의를 개설하고 여러분은 또 그걸 들으려고 하죠. 그래서 우울해지는 거예요. 내가 원하는 강의가 아니니까. 정말 웃기지 않아요? 여러분이 돈을 내고 수업을 들으면서 내용은 자본가들이 원하는 내용을 듣는 거예요. 내가 대학에 다니면 내가 원하는 강의가 개설되고 재밌는 강의가 나와야 돼요. 대학은 학원처럼 다니는 게 아니에요. 내가 원하는 강의를 들어야죠. 여러분 대학에 와서 원하는 강의를 들으러 가요? 취업에 도움 되고 스펙에 도움 되는 강의만 들어가죠? 왜 돈 4,000만 원 내면서 자기가 원하는 강의를 못 들어요? 연극하는 강의, 판소리하는 강의도 있어야 한다고요. 대학이라는 공간에서 처음으로 여러분이 시작하는 거예요, 여러분이 원하는 걸. 그것을 못하게 되면 노예가 되는 것 같은 '그것'을 찾아야 해요. 어떤 사람한테는 철학일 수도 있고, 어떤 사람한테는 음악일 수도 있어요. 일이 아니더라도 남자를 찾거나 여자를 찾아도 돼요. 상관없어요. 내가 진짜로 원하는 것, 그걸 하기 위해서 모든 것을 걸 수 있는 '그것'에 대해서 여러분은 많은 고민을 해야 해요.

전에는 제 자신의 욕망이라고 생각했는데 지금 와서 보니 타인의 욕망이었던 것들이 있습니다. 그때 타인의 욕망을 위해 제가 노력했던 모든 시간이 의미 없어지는 것 같은데, 의미 있는 시간이었을까요?

내가 원하는지 타인이 원하는지 헷갈릴 때가 있어요. 반드시 원하는 것을 완벽하게 해봐야 해요. 어머니가 법대 가기를 원하면 법대를 진짜 들어가봐야 알아요. 그러면서 배우는 거죠. '이건 아니구나.' 어쨌든 자신의 욕망인지 타인의 욕망인지 알려면, 원한다고 생각하는 것을 달성해야만 해요. 바로 그 성취의 순간, 우리의 욕망이 나의 것인지 타인의 것인지가 분명해질 테니까요.

그 욕망이 누구 것인지에 대해서 시작하는 그 순간에는 결정할 수 없어요. 그러니까 대학생이 되면 빨리 경험을 해봐야 하는데, 여러분이 방학 때 알바 하는 시간이 너무 아까워 죽겠어요. 여러분이 원하는 것을 해야 하는데, 편의점 손님이 원하는 것을 하고 있으니까요. 방학 기간에 내가 정말 원하는 것을 해야 해요. 내가 원하는 것이라는 느낌이 들면 반드시 맛을 보세요.

저는 세상은 혼자 사는 것이 아니라고 생각합니다. 가족도 있고 친구도 있고 연인도 있는데, 오직 나만의 욕망을 바라보고 추구하는 게 바람직하고 최선이라고 생각하세요?

상대방이 원하는 모습으로, 상대방에게 맞춰줄 수 있어요. 스스로는 이야기할 수 있죠. 가족 관계를 편안하게 하기 위해서 내 욕망을 억제하는 거라고. 그렇게 하면 성숙한 것 같죠? 하지만 정확하게 말해서 그건 약한 거예요. 자신의 약하고 비겁한 모습을 교묘히 정당화하는 거예요. 우리가 약할 때 자기 자신의 약함, 비겁함을 정당화하는 마지막 방법은 주변의 사랑하는 사람을 파는 거예요. '내가 이러면 가족이 힘들어질까 봐'라고 하면서. 아마 나중에는 주변 사람들이 본인한테 배신감을 느낄 거예요. '왜 원하는 걸 이야기하지 않았니?' 그러니 정직이 최선의 방책이에요. 자기가 원하는 것을 보이는 것은 그 순간은 피곤한데 길게 보면 낫고, 맞춰주는 것은 그 순간은 편한데 길게 보면 계속 그렇게 살아야 해요.

여러분은 크게 살아야 해요. 세상을 아주 가볍게 봐야 해요. 세계를 정당화, 합리화하지 마세요. 인생의 최고의 덕목은 용기예요. 용기는 언제 필요해요? 결단의 순간에. 떨까 말까 할 때는 무조건 뛰세요. 후회 안 해요. 졸업하기 전에 여러분이 진짜 욕망하는 것을 찾아서 그것을 스스로 관리하고 목숨 걸고 지키세요. 내가 진짜 욕망하는 것을 알게 되면, 내가 욕망하는 것을 인정해주는 어떤 남자나 어떤 여자랑 사랑을 하면 돼요. 누구 흉내 내고 이러지 말고 내가 원하는 것을 정확하게 찾아서 보여주세요. 그때 예스라고 하는 사람, 그 사람이 괜찮은 사람이에요. 나는 내가 누구인지 아는가를, 내가 진짜 무엇을 원하는지 정확하게 아는가를 고민하기 바랍니다.

남들과
다르게 생각하고
다르게 표현하라

○

○
안
도
현

안
도
현

○

시인. 소월시문학상, 노작문학상, 윤동주상, 백석문학상, 임화문학예술상 등을 수상했으며, 현재 우석대학교 문예창작과 교수로 재직 중이다. 시집으로 『서울로 가는 전봉준』, 『모닥불』, 『그대에게 가고 싶다』, 『외롭고 높고 쓸쓸한』, 『그리운 여우』, 『바닷가 우체국』, 『아무것도 아닌 것에 대하여』, 『너에게 가려고 강을 만들었다』, 『간절하게 참 철없이』, 『북항』 등이 있다. 동시집 『나무 잎사귀 뒤쪽 마을』, 『냠냠』, 어른들을 위한 동화 『연어』, 『관계』, 『짜장면』, 『증기기관차 미카』, 『연어 이야기』 등을 펴냈으며, 시작법 『가슴으로 쓰고 손끝으로도 써라』와 『백석 평전』 등 여러 권의 책을 출간했다.

> 비록 학점은 그 모양 그 꼴이었지만, 저는 시라는 것으로 인생에 승부를 걸고 싶다는 생각을 했어요.

저는 80학번입니다. 대학 시절이 엊그제 같네요. 대학교 1학년 때가 잊히지 않습니다. 1980년 봄. 큰 사건이 발생했죠. 서울의 봄 그리고 5.18 광주민주화운동. 저는 대학을 가서 공부를 열심히 해야겠다는 생각이 없었어요. 저는 대학을 가면 시인이 돼야겠다는 생각밖에 없었습니다. 고등학교 때부터 시를 쓰기 시작했는데 이 세상에서 제가 시를 제일 잘 쓰는 줄 알았어요. 고등학교 때 백일장을 다니면서 상을 50개 정도 받았거든요. 그래서 스무 살이 되면 저는 멋진 시인이 될 거라고 생각했고, 대학에 가서는 3, 4, 5월에 따뜻한 봄볕을 쬐면서 늘 시집을 들고 다니면서 시를 이야기하고, 수업에는 들어가지 않았어요. '날씨가 이렇게 좋은데 왜 강의실에서 아깝게 시간을 보내나, 나 혼자 시만 열심히 쓰고 읽으면 되지'라고 생각했어요.

그러다 5월 17일에 계엄령이 전국적으로 확대돼서 학교에 들어갈 수가 없게 되었습니다. 장갑차가 학교 정문을 막고 군인들이 학교를 장악했어요. 학교를 가지 않는 것은 나름대로 좋았는데 심심하더군요. 그래서 어느 날 저녁 무렵에 교문 앞 조그마한 언덕에서 친구와 소주 한 병, 새우깡 한 봉지를 놓고 늘 그렇듯이 시에 대해서 이야기하다가 캠퍼스를 순찰하던 계엄군한테 걸렸어요. 우리가 무슨 법을 위반한 것도 아닌데 갑자기 꿇어앉히더니 이유 없이 발로 차고, 때리고, "대학생들이 하라는 공부는 안 하고 데모나 하고 자빠져 있어?"라고 욕하더군요. 저는 데모하면 빵 준다는 말을 듣고 따라다니기만 했지 실제로 데모에 관심이 없는 신입생이었어요.

그렇게 난생처음 무차별 구타라는 걸 당하고 하숙집에 와서 무릎을 보니까 온통 피투성이에 까져 있었어요. '나는 시인이 되기 위해서 대학에 왔는데, 학교에서 두드려 맞고 있으니 이 세상은 뭔가'라는 생각이 들더군요. '나 혼자 골방에서 무수한 파지를 만들어가면서 시만 쓰면 되는 줄 알았는데 이 세상은 내가 골방에서 시만 쓰게 내버려두지는 않는구나' 하는 걸 알았어요. '나 이외의 다른 세상이 있구나' 하고 눈이 번쩍 뜨였죠.

저는 지방 사립대학을 졸업했고, 안 그런 척했지만 그 당시에는 자괴감도 있었어요. 제가 공부를 별로 안 했는데, 얼마나 안 했냐면 4년 동안 F 학점이 10개에 학사경고를 2번 맞았어요. 그래서 남들보다 한 학기 학교를 더 다녔어요. 제가 공개적인 자리에 와서 공부를 하지 않아도 먹고산다는 말을 하려는 게 아니라, 비록 겉으로 드러난 학점은 그 모양 그 꼴이었지만, 저는 목표로 하는 것이 있었다는 거예요. 시 쓰기. 저는 시라는 것으로 인생에 승부를 걸고 싶다는 생각을 했어요. 제가 국문과를 다녔는데, 옛날 어른들은 '국문과'는 '굶는 과'라는 말을 했어요. 저는 신경도 안 썼어요. 좀 미안한 말인데 아르바이트 뭐 할까 하는 생각도 해본 적이 없어요. 집이 넉넉한 편도 아니었고 농사짓는 아버지 밑에서 자랐는데도요. '졸업하고 뭐 먹고살지?'라는 생각은 4학년 때 잠깐 했고, 1학년 때부터 3학년 때까지는 취업에 대한 생각을 안 했어요. 그냥 '내가 목표로 하는 시만 생각하고 살아가면 밥은 굶지 않겠지'라는 생각을 했어요. 지금 제가 재직하고 있는 학교(우석대학교 문예창작과)에 수험생이 면접시험을 보러 와서 한다는 말이, "문창과는 졸업하고 어디로 취업해요?"라고 해요. 그런데 저는 취업 걱정을 하기 전에 자신의 목표를 뚜렷이 하는 것이 중요하다고 생각해요. 제가 지금은 시 쓰는 것을 잠시 쉬고 있지만 그래도 어디 가면 시인으로 소개되고, 저도 늘 시인이고 싶은 사람 중 하나입니다. 그래서 시 몇 편을 같이 읽으면서 이야기를 해볼까 합니다.

> 이 시는 제 자신에게 묻는 겁니다. 제 스스로가 누군가에게 한 번이라도 뜨거운 사람이었는지

연탄재 함부로 발로 차지 마라
너는
누구에게 한 번이라도 뜨거운 사람이었느냐
―「너에게 묻는다」

여러분 이 시를 어디선가 본 적이 있나요? 이 시 말고 「연탄 한 장」이라는 시도 들어보셨어요? 언젠가부터 저를 연탄 시인이라고 수식하더라고요. 아마 이 시 때문에 그런 것 같아요. 이 짧은 시를 읽고 깊은 감명을 받았다거나, 자신이 남들에게 한 번이라도 뜨거운 사람이었는지 자책하고 반성하게 됐다고 말하는 분들이 있는데, 저는 사람들이 이 시를 읽고 자책하지 않았으면 좋겠어요. 이 시는 독자를 반성하게 하기 위해서 쓴 것이 아니라 제 자신에게 묻는 겁니다. 제 스스로가 누군가에게 한 번이라도 뜨거운 사람이었는지 자책하는 내용이에요. 여기에서 '너에게 묻는다'라는 제목은 실은 '나에게 묻는다'를 바꾼 거예요. 그러니 자책하지 않으셔도 됩니다.

이 시를 어떻게 쓰게 됐는지 잠깐 이야기하자면, 제가 초등학교 6학년 13살 때부터 연탄을 때면서 사촌 형과 자취를 했어요. 그리고 대학을 졸업하고 제일 먼저 했던 일이 중학교 국어 교사인데, 학교에서 해마다 가을에 교내 백일장을 열었어요. 그런데

주제를 가을로 내면 다 뻔한 거예요. 학생들이 대부분 글감을 낙엽, 코스모스, 귀뚜라미, 감으로 정해요. 그때 학생들에게 이렇게 얘기했어요. "얘들아, 가을에 낙엽이 떨어지고 단풍도 물들지만 우리 눈에 보이지 않던 연탄이 가을 되면 더 자주 보이지. 그걸 가지고 시를 써볼래?"라고 해마다 말을 했지만 쓰는 학생이 하나도 없었어요. 왜 그랬을까요? 낙엽은 시가 되는 소재지만 연탄은 시가 되지 않는 소재라고 마음의 벽을 닫아버려서 그런 거예요. 그때 학생들이 쓰지 않길래 제 나름대로 시적인 감성을 찾기 위해 썼던 시가 「너에게 묻는다」예요. 여기 있는 학생들 중에는 먼 지역에서 온 친구들도 있을 텐데, 정말 중요한 것은 멀리 있는 것이 아니라 가까이에 있다는 말을 해주고 싶어요. 제가 초등학교 6학년 때까지 예천 안동 쪽에 있었어요. 하회마을이라는 유명한 관광지가 있죠. 어릴 때는 그 마을의 아름다움을 몰랐어요. 꼭 서울로 가야, 뉴욕으로 가야, 런던으로 가야 중요한 것을 찾을 수 있는 것이 아니라 정말 중요한 것은 가까이에 있다는 것을 말해주고 싶어요.

연탄은 자기 몸을 다 태우고 재가 되죠. 촛불도 그래요. 제가 이런 시를 썼다고 쳐봐요. "촛불 입으로 함부로 끄지 마라, 너는 누구를 위해 한 번이라도 어둠을 밝혀보았느냐." 촛불이 어둠을 밝힌다는 것은 누구나 다 알고 있는 이야기이기 때문에 이 시로 사람들이 저를 찾지는 않을 거예요. 제가 문예창작과에서 시를 가르치면서 가장 강조하는 것이 남들하고 다르게 생각하고, 다르게 표현하라는 거예요. 꼭 글을 쓰는 사람이 아니더라도, 전공이 무엇이더라도, 미래를 살아갈 지식인이라면 남들과 다르게 생각하고 다르게 표현하는 것이 삶의 의무라고 생각했으면 좋겠습니다. 여러분 고등학교 때 국어 시간에 배운 직유법 기억나세요? '처럼', '같이', '듯이', '양', 이런 게 붙으면 직유법이죠. '시간이 굉장히 빠르다, 세월이 굉장히 빠르다'를 나타내는 흔한 직유가 있습니다. "시간이 화살처럼 빠르다." 지금은 화살보다 빠른 게 엄청나게 많죠. "시간이 화살처럼 빠르다"는 말은 임진왜란 때나 할 법한 말이지 20대인 여러분이 할 표현이 아닙니다. 진부한 표현이죠. 적어도 "시간이 KTX처럼 빠르다"라고 쓸 수 있어야 한다는 거죠. 그게 남들하고 다르게 표현하는 거잖아요.

그다음 시를 볼까요.

이 세상에 이 아이 말고 누가 저 제목을 짓겠어요?

> 오줌이 누고 싶어서
> 변소에 갔더니
> 해바라기가
> 내 자지를 볼라고 한다.
> 나는 안 비에 줬다.
> —「내 자지」

몇 년 전에 한 초등학생이 쓴 이 동시를 가지고 중학교에 가서 이야기를 하려고 그 중학교 선생님한테 시를 메일로 미리 보내놨어요. 그런데 수업을 하면서 시를 화면에 띄우고 보니까 제목이 바뀌어 있는 거예요. 제목이 '내 고추'로 바뀌어 있고 본문도 '내 고추를 보려고', '안 보여줬다'로 바뀌어 있었어요. 끝나고 나서 그 선생님에게 가서 "왜 내용을 바꿨습니까? 남의 저작물을 함부로 바꿔도 됩니까?"라고 웃으면서 항의했죠. 이걸 쓴 아이가 '내 자지인데 나를 놀리면 어떡하지?'라며 '내 고추'로 고쳤다면 그 아이가 원래 가지고 있던 순진무구한 마음이 이렇게 잘 드러나지 않았을 거예요. 가장 이 아이다운 제목, '내 자지'가 가장 창의적인 제목이에요. 이 세상에 이 아이 말고 누가 저 제목을 짓겠어요? 창의성이라는 것은 이 세상에 둘도 없는, 유일무이한 것을 찾아가는 것입니다. 앞으로 여러분도 조금씩 조금씩 여러분의 창의성을 찾아나갈 것이라고 생각합니다.

저는 여러분이 20대를 좀 더 즐기면서 사는 방법 중 하나는, 진짜 연애를 뜨겁게 하는 거라고 생각해요.

화장품 냄새
솔솔 풍기는
향기로운 엄마

뭐든지 척척

도와주서서
고마운 엄마

바른길로 가라고
회초리로 찰싹 때리는
사랑하는 엄마

엄마라는 말을
부르면
목이 메입니다.

사랑한다고
말도 떨려서
못합니다.
—「엄마」

아이가 뭘 잘못했는데 엄마가 회초리로 때려요. 그러면 아이 마음속에서 '엄마 사랑해'라는 마음이 생길까요? 제가 보기에는 착한 척하는 거짓말이에요. 초등학교 5학년 여자아이가 학교에서 공부를 하다가 엄마를 떠올리면 목이 메일 정도라고 하는 건 지나친 과장이라고 할 수 있어요.

작은 누나가 엄마보고

엄마 런닝구 다 떨어졌다.
한 개 사라 한다.
엄마는 옷 입으마 안 보인다고
떨어졌는 걸 그대로 입는다.

런닝구 구멍이 콩만 하게
뚫려져 있는 줄 알았는데
대지비만 하게 뚫려져 있다.
아버지는 그걸 보고
런닝구를 쭉쭉 쨌다.

엄마는
와 이카노
너무 째가 걸레도 못한다 한다.
엄마는 새걸로 갈아입고
째진 런닝구를 보시더니
두 번 더 입을 수 있을 낀데 한다.
―「엄마의 런닝구」

  이 짧은 동시를 보면 사랑이라는 말이 없습니다. 그런데 이 시를 읽으면 아, 서로 관심이 많고 배려가 많고 사랑이 스며들어 있는 가족이구나, 하고 느낄 수 있어요. 이게 사랑이죠. 제목이 '엄마의 런닝구'인데 '런닝구'라는 단어는 국어사전에 없어요. '런닝구'를 국어사전에 존재하는 말로 바꿀 수가 없는 게, 엄마의 민소매, 엄마의 속옷 등 모든 단어가 런닝구를 대체할 수 없어요. 제가 보기엔 굉장히 창의적인 시어라고 생각합니다.

우리나라 말 중에 사랑이라는 말이 굉장히 좋은 말이라고 생각하는데, 저는 집에서 사랑한다는 말을 해본 적이 없어요. 요즘의 사랑은 너무 사랑이라는 말만 남고 실제는 없는 것 같아요. 광고나 드라마, 가요 같은 데서 사랑이라는 말이 너무 많이 쓰이잖아요. 〈어머나〉라는 노래의 '오늘 처음 만난 당신이지만 내 사랑인걸요'라는 가사가 저는 이해가 안 돼요. 오늘 처음 만난 당신인데, 내 사랑이라니요. 처음 만난 사이인데 '당신 위해서라면 다 줄게요'라니, 나라의 미풍양속을 해치는 불건전한 노래 아닌가요? 그런 것은 사랑이 아니에요. 제가 말하고 싶은 것은, 저는 여러분이 20대를 좀 더 즐기면서 사는 방법 중 하나는, 그런 말로만 하는 사랑 말고, 진짜 연애를 뜨겁게 하는 거라고 생각해요. 연애는 하고 싶은데 상대가 없다면 연애하는 감정으로라도 매일 살았으면 좋겠어요.

제가 나무를 좋아해서, 아까 학교에 들어오는 초입부터 내가 모르는 나무는 뭐가 있을까 관찰하면서 왔어요. 저는 나무랑 연애할 정도로 나무에 관심이 많아요. 물론 나무 이름, 꽃 이름 하나 몰라도 시험은 잘 칠 수 있죠. 하지만 제가 아까 중요한 것은 가까운 데 있다고 했잖아요? 여러분 제비꽃 아세요? 제비꽃은 꼭 기억해주었으면 좋겠어요. 여러분이 제비꽃을 모를 때는 그냥 이름 모를 꽃이죠. 내가 그 꽃 이름을 모르고 지나가면 그 꽃도 나에게 이름 없는 놈이라고 해요. 내가 '오, 제비꽃이 피었구나' 하고 한 번 보면 제비꽃도 '오, 너 이름이 안도현이구나'라고 말해줘요. 여러분이 2015년 봄에 제비꽃을 알아두면, 특히 남학생들은 연애할 때 유용하게 써먹을 수 있어요. 데이트할 때 여자 친구한테 '저게 제비꽃이야'라고 하면 여자 친구가 여러분을 달리 볼 거예요. 작은 꽃 하나로도 여자의 마음을 휘어잡을 수가 있어요. 연애가 뭐 별건가요? 제비꽃으로 휘어잡으세요.

　내가 나타샤를 사랑해서, 그게 이유가 돼서 오늘 눈이 내리는 거예요.

　　가난한 내가
　　아름다운 나타샤를 사랑해서
　　오늘밤은 푹푹 눈이 나린다

　　나타샤를 사랑은 하고
　　눈은 푹푹 날리고
　　나는 혼자 쓸쓸히 앉어 소주를 마신다
　　소주를 마시며 생각한다
　　나타샤와 나는
　　눈이 푹푹 쌓이는 밤 흰 당나귀 타고
　　산골로 가자 출출이 우는 깊은 산골로 가 마가리에 살자

눈은 푹푹 나리고
나는 나타샤를 생각하고
나타샤가 아니 올 리 없다
언제 벌써 내 속에 고조곤히 와 이야기한다
산골로 가는 것은 세상한테 지는 것이 아니다
세상 같은 건 더러워 버리는 것이다

눈은 푹푹 나리고
아름다운 나타샤는 나를 사랑하고
어데서 흰 당나귀도 오늘밤이 좋아서 응앙응앙 울을 것이다
— 백석,「나와 나타샤와 흰 당나귀」

 백석 시인은 개인적으로 제가 굉장히 좋아하는 시인입니다. 가난한 내가 아름다운 나타샤를 사랑해서 그 결과로 오늘 눈이 내린다. 70-80년대만 해도 연인들끼리 첫눈 오기를 굉장히 기다렸어요. 설정을 하나 해볼까요? 지금 바깥에 첫눈이 내린다면 각자 연인들에게 '첫눈 오니까 네가 너무 보고 싶어'라는 메시지를 보낼 수 있겠죠. 작업 거는 법 또 하나 가르쳐줄게요. 앞으로는 첫눈이 내리든 꽃이 피든 그런 일이 있을 때, '눈이 내리니까 네가 너무 보고 싶어'라는 말은 백 퍼센트 실패해요. '내가 너를 보고 싶어 하니까 창밖에 눈이 내리고 있어'라고 해야 해요. 한 사람이 한 사람을 보고 싶어 하는 것 때문에 눈이 내린다는 거죠. 여학생들은 프러포즈를 받을 때 '너를 너무 사랑해. 우리 결혼하

자'라고 말하는 사람과 결혼하지 마세요. 너무 상투적이잖아요. 인생이 평생 재미가 없을 거예요. 다르게 생각하고, 다르게 표현하세요. 내가 나타샤를 사랑해서, 그게 이유가 돼서 오늘 눈이 내리는 거예요.

중요한 것은 남들하고 다르게 생각하고, 다르게 말하고, 다르게 표현하라는 거예요.

여러분이 수능 이후로는 안 읽는 시를 좀 읽었으면 좋겠어요. 하루에 1-2분만이라도. 그래서 멋진 프러포즈를 해보세요. 여기 있는 모든 사람이 글을 쓰면서 살아가진 않겠지만, 자기소개서를 잘 쓰는 사람이 취업에서 더 유리하고, 기획서를 잘 쓰면 승진도 더 빨라질 거예요. 앞으로 여러분이 살아가는 시간은, 전공과 상관없이 글을 잘 쓰는 사람이 더 성공하는 쪽에 가까울 거라고 생각해요. 카톡 보내는 것부터 남들하고 다르게 했으면 좋겠어요. 끝으로 한 가지만 더 이야기할게요.

혹시 자기만의 라면을 끓일 줄 아세요? 저는 라면을 끓일 때 면하고 스프만 넣는 사람을 싫어해요. 라면 봉지 뒤에 보면 물을 얼마나 넣고 몇 분 정도 끓이라는 말이 있잖아요. 마지막에 항상 '기호에 따라서 다양한 것을 곁들여 드시면 더욱 맛있다'고 나오는데 저는 이걸 무시하는 사람은 앞으로 성공하기 힘든 사람이라고 생각해요. 자기 식대로 창의적인 라면을 끓여보세요. 계란 하나를 넣는데도 노른자가 반숙이 되게 하는 사람이 있고, 파도 대파를 넣을 수도 있고 쪽파를 넣을 수도 있고, 쫑쫑 썰 수도 있고 듬성듬성 썰 수도 있고 면을 푹 익힐 수도 있고 살짝 데칠 수도 있고 다양한 방법이 있어요. 이런저런 쓸데없는 이야기를 했습니다만, 중요한 것은 남들하고 다르게 생각하고, 다르게 말하고, 다르게 표현하라는 거예요. 제비꽃 한번 찾아보세요. 해마다 제 생각이 날 거예요. 그런 봄이 됐으면 좋겠어요.

질문과 대답

요새 꿈에 대한 고민이 많은데 선생님은 어떠한 계기로 시를 쓰게 되셨나요?

저는 어린 시절에 글 쓰는 걸 별로 좋아하지 않았어요. 그림 그리는 걸 좋아했어요. 중학교 다닐 때는 미술반 활동을 주로 했고, 취미가 대구 시내에 있는 전시회 다니면서 그림 보는 거였어요. 제일 하기 싫은 게 글 쓰는 거였어요. 일기도 초등학교 때 선생님이 검사를 한다니까 어쩔 수 없이 써본 게 다예요. 4학년 여름방학 때 썼던 일기를 가만히 뒀다가 5학년 때 다시 쓰곤 했어요. 중학교 때 미술반이라서 해마다 한 번씩 교지 만드는 데 불려 가서 삽화를 그리곤 했는데, 중학교 3학년 때 어느 날 교지 만드는 국어 선생님이 미술반 학생들만 교무실 복도 앞으로 집합시켰어요. 그리고 아무 말씀도 안 하시고 화난 얼굴로 귀뺨부터 두 대씩 때렸어요. 우리한테 하시는 말씀이, '미술반 학생들이 그림 그리는 속도가 너무 늦다. 이래서 교지를 만들 수 있겠는가?' 우리는 시간을 내서 열심히 그림을 그렸는데 아침부터 귀뺨을 맞고 보니 너무너무 열이 받았죠. 억울해서 선생님한테 복수하기로 결심했어요. 그때 복수의 방법으로 생각해낸 게 시를 쓰는 거였어요. '내가 미술반이어서 이렇게 괄시받고 맞고 사는데 시를 한 편 멋지게 써서 교지에 투고를 하자. 그러면 선생님이 시를 보고, 와 미술반에도 이렇게 시를 잘 쓰는 학생들이 있구나. 이런 놈을 왜 때렸지, 하고 스스로 반성하시겠지?' 이런 마음으로 시 한 편을 끙끙대면서 한 일주일 걸려서 썼어요. 쓰고 나서 읽어보니까 그야말로 자의에 의해서 처음 쓴 시인데 너무 잘 쓴 거예요. 자신 있게 투고를 하고 졸업식 날 교지를 받아서 보니까 제가 쓴 시가 안 실려 있었어요. 그때 한 생각이, '선생님은 폭력적이면서 시를 보는 안목도 별로구나.' 또 억울했죠. 맞아서 억울하고, 시가 안 실려서 억울하고. 그때 고등학교에 가면 문예반에 가야겠다는 생각을 했어요. 고등학교 1학년 때 제 발로 걸어서 문예반에 들어갔어요. '시를 배워서 이 학교 교지에 꼭 시를 한 편 싣고 졸업해야지.' 하지만 그 학교에는 교지가 없었어요. 복수를 할 장이 없었던 거죠. 그래도 문예반에서 시 읽는 것이 재미있어서, 대학에 지원하려고 고등학교 생활기록부를 떼어보니 고등학교 3년 동안 성적은 올라간 적이 한 번도 없는데 백일장 때 받은 상은 계속 늘어나서 2학년 때 담임선생님이 '특기 계발보다는 학과 공부에 충실할 것'이라고 써놓으셨어요. 지금 생각하면 학과 공부를 게을리하고 혼자 특기 계발을 했던 게 제 인생을 훨씬 행복하게 했던 것 같아요. 귀뺨을 두 대 맞고 시작한 거죠.

시를 쓰실 때 영감을 주로 어디서 받으시나요? 그리고 사람들에게 울림과 감동을 주는 비법이 있으신가요?

저는 시가 되었든 수필이 되었든 소설이 되었든, 문학이라는 게 그것을 창작하는 사람의 심중에 있는 것을 털어놓는 것은 아니라고 생각해요. 자신의 마음속에 있는 것을 털어놓으려면 일기장으로 충분하죠. 내가 쓰고 나 혼자 보면 되니까요. 일기장이 부족해서 내 마음속에 있는 것을 다른 사람에게 말하고 싶다면 편지라는 양식이 있어요. 내가 쓰지만 내가 읽고 또 읽어줄 사람이 있으니까요. 그런데 문학은 내가 써서 나만 읽고 마는 것이 아니고 독자가 한 사람만 있는 것도 아니에요. 소위 말하는 보편적인 감동이라는 것을 염두에 둬야 해요. 음식에 비유하자면 저는 음식을 먹는 것도 좋아하지만 만드는 것도 좋아해요. 한 번 먹어본 음식은 어지간하면 다 만들 수 있어요. 제가 대구에 와서 맛있는 음식을 먹었는데 우리 가족들한테 말만 하고 사진만 찍어 보여주면 그 맛을 알 수 없잖아요. 가족들한테 그 맛을 보여주는 제일 편리한 방법은 제가 먹었던 것을 잘 기억해서 그대로 만들어주는 거예요. 저는 시가 그런 거라고 생각해요. 내가 만났던 것, 감동받았던 것을 언어라는 체계를 통해 고스란히 전달해주는 것이죠.

시는 재능과 노력 중 어느 것의 영향을 더 크게 받는다고 생각하시나요?

좀 허황된 말로 이런 말이 있어요. "시는 재능으로 쓰고 소설은 노력으로 쓴다." 다 뻥이에요. 시든 소설이든 재능과 노력이 같이 필요해요. 재능이라는 것은 그 일을 지속적으로 할 수 있는 능력이라고 생각해요. 공부도 마찬가지예요. 공부에 재능이 있는 사람들이 있죠. 공부를 지속적으로 할 줄 아는 사람. 연애에 재능이 있는 사람은 연애를 지속적으로 할 줄 아는 사람이에요. 먹는 것에 재능이 있는 사람은 먹는 것을 지속적으로 생각하고 연구할 줄 아는 사람이죠.

작가가 되는 것이 간절한 꿈입니다. 그러나 원하는 일임에도 불구하고 너무 힘들어 좌절할 때가 많습니다. 선생님은 이럴 때 어떻게 하시나요?

저도 너무 힘들어요. 저는 시 한 편을 쓸 때마다 힘들어요. 늘 좌절하고 늘 스트레스를 받고 늘 슬럼프니까 그냥 그러려니 하고 넘겨요. 한 문장 쓸 때마다 좌절해요.

선생님께서 생각하는 좋은 시는 어떤 시인가요? 그리고 시를 쓸 때 가장 중요한 것이 무엇이라고 생각하시나요?

시에는 여러 가지가 들어 있어요. 언어, 시인의 생각, 발견, 깨달음 등등. 저는 사탕 같은 시는 별로 좋아하지 않아요. 사탕은 달지만 몸에 별로 좋지 않죠. 약은 어떤가요? 쓴데 몸에는 좋아요. 저는 사탕처럼 단 것 같은데 몸에 좋은 시는 없을까라는 생각을 해요. 무엇보다 중요한 것은 사람의 마음을 어떻게 움직일 수 있을까 하는 거예요. '어떤 시가 감동적인가?'라는 생각을 자주 해요.

저는 시인과 소설가가 꿈인 학생입니다. 현시점에서 훌륭한 문학인이 되려면 어떤 생각과 마음가짐이 필요할까요?

저는 문학이라는 게 정말 나 혼자 잘 쓰면 되는 건 줄 알았어요. 그런데 80년대를 겪으면서 나 혼자 골방 속에 갇혀서 하는 게 문학이 아니라는 걸 알았어요. 골방에만 있다가 광장 쪽을 바라보게 된 것이죠. 80년대 후반부터 90년대 초반에는 문학보다 현실의 문제가 더 시급하다고 생각했어요. 내 문학은 없어져도 좋지만 우리나라가 더 민주화되고 사람이 좀 더 사람답게 살아가는 세상이 됐으면 좋겠다는 꿈이 더 컸어요. 그것을 다른 말로 하면 광장의 극단이라고 할 수 있죠. 지금은 정말 좋은 문학은 골방에 너무 오랫동안 갇혀 있어도 안 되고 그렇다고 해서 너무 광장으로만 치달아도 안 된다고 생각해요. 광장이라는 것은 여럿이 함께하는 곳이기 때문에 혼자 사유할 시간이 부족해요. 골방과 광장 사이에서 긴장하는 문학이 좋은 문학이라고 생각해요. 요즘 학생들은 광장에 관심이 너무 없죠. 오로지 내 내면만으로도 벅차 해요. 나 아닌 바깥에 대한 시각을 키운 사람이 좀 더 오래 좋은 문학을 할 수 있다고 생각해요.

저에게는 여동생이 있습니다. 어렸을 때부터 문예 창작을 하며 시에 대해서 많은 관심을 가지고 있습니다. 제가 어젯밤에 여동생에게 내일 안도현 시인을 만나러 가는데 궁금한 것이 없냐고 물었더니 시가 안 써질 때 안도현 시인은 어떤 걸 하시는지 궁금하답니다.

우선 매번 잘 써지지 않는다고 전해주세요. 잘 써지지 않을 때는 전혀 관련 없는 책을 읽어요. 저는 오히려 시와 인접해 있는 철학이나 역사, 사회과학, 이런 분야의 책이 아니라 자연과학 책에서 시적 영감을 받는 경우가 많아요. 엉뚱한 책을 읽습니다.

본인이 쓰신 시 중에서 어떤 시가 가장 잘 쓴 시라고 생각하시는지, 그리고 왜 그렇게 생각하시는지 이유가 궁금합니다.

가장 잘 쓴 시는 앞으로 써야 한다고 생각합니다. 학교 다닐 때 「우리가 눈발이라면」이라는 시를 배웠잖아요? 시험문제 풀이해 보셨어요? 우리가 눈발이라면 쭈뼛쭈뼛 흩날리는 진눈깨비가 되지 말라는 시예요. 그 시가 교과서에 제일 먼저 실렸어요. 궁금했던 게, '도대체 이런 시를 가지고 문제를 어떻게 낼까?'였어요. 서점에 가서 문제지를 하나 사서 다섯 문제를 풀어봤어요. 중고등학교 선생을 한 기억이 있어서 네 문제는 쉽게 풀었는데, 마지막 한 문제는 둘 중 하나가 답인 것 같은데 잘 모르겠더라고요. 찍었어요. 찍고 나서 답을 맞춰보니 제가 틀렸어요. 그게 시인의 의도가 무엇인지를 묻는 문제였는데, '학생들이 얼마나 시를 가지고 고생을 할까?' 하는 생각을 했어요. 저는 아직 젊다고 생각하기 때문에 제가 좋아하는 시를 써나가야 한다고 생각합니다.

제가 시인은 아니지만 잠이 안 오거나, 감수성이 풍부해지는 늦은 밤이나, 사는 게 힘들어져 머릿속이 복잡할 때 끄적끄적 손글씨나 핸드폰으로 시 같은 운율이 있는 문장을 쓰곤 하는데, 친구들이 그걸 보고 '아 허세 부린다', '중2병 돋았다'라고 무시하는 투로 말을 하곤 합니다. 물론 선생님처럼 멋진 시인이 되고 싶은 생각은 없지만, 취미로라도 시 쓰는 게 얼마나 멋진지 친구들에게 당당히 얘기할 수 있도록 선생님의 시 쓰는 것에 대한 자부심, 가치관을 듣고 싶습니다.

이왕 쓰는 거 잘 썼으면 좋겠어요. 허세란 말을 듣지 않기 위해서는. 허세 부린다고 말하는 친구가 읽어보고 나서 '와 진짜 감동이다'라고 말할 수 있게끔 쓰세요. 조금만 노력하면 그렇게 될 수 있을 거라고 생각해요. 실력으로 뭉게길 바랍니다.

얼마전에 영화 〈일 포스티노〉를 보았습니다. 그 영화 대사 중에 "시란 그 시를 쓴 사람의 것이 아니라 그 시를 필요로 하는 사람들의 것이다"라는 것이 있는데 선생님은 시인의 입장에서 그 대사를 어떻게 생각하시는지요?

저도 수업 시간에 가끔 활용하는 영화가 〈일 포스티노〉입니다. 아까 시인의 의도를 묻는 문제에 대한 이야기를 했는데, 예전에는 작가가 어떤 의도를 가지고 작품을 쓰면 독자는 그 의도까지 이해해서 받아들여야 한다는 것이 기본 공식이었어요. 현대

문학에서는 좀 달라지고 있죠. 문학이라는 말 대신에 텍스트라는 말을 쓸게요. 이 텍스트는 시인이 만들어낸 것이지만 독자에 의해서 완성된다는 거예요. 독자가 이것을 어떻게 받아들이냐에 따라 이 작품의 성공 여부가 결정된다는 거죠. 그러니까 단순히 독자가 작가의 의도를 잘 파악하고 작품을 잘 이해하고의 차원이 아니라 독자가 어떻게 평가하느냐에 따라 텍스트의 완성도가 결정된다는 거예요. 앞으로는 문학작품을 그런 식으로 이해하는 것이 옳다고 생각해요. 작가의 전기적인 이야기라든지 그 작품을 쓰게 된 계기 같은 것들이 작품을 이해하는 데 큰 도움이 되지 않는 경우가 많아요. 작품도 하나의 텍스트예요. 앞으로는 수능 문제에 작가의 의도를 물어보는 문제가 잘 나오지 않을 거예요.

요즘 젊은 시인들이 주로 난해하고 어려운 시를 쓰고 등단을 하는데, 시는 대중이 읽고 느껴야 하잖아요. 그런 식으로 난해한 시를 쓰고 등단하는 것에 대해 어떻게 생각하세요?

저는 시집을 내면 시집이 비교적 팔리는 사람들 중 하나예요. 좋게 말하면 '대중적으로도 널리 알려진 시인'이라고 할 수 있는 건데, 여기서 더 나아가서 '안도현은 대중 시인이다'라고 말한다면 이것은 또 사실과는 다른 영역으로 가는 거예요. 영화나 음반은 그해에 관객이 많이 들거나 판매가 많이 되면 연말에 상을 받잖아요. 그에 비해 시집은 많이 팔린다고 해서 상을 받지 않아요. 그만큼 시라는 장르는 대중성의 영역을 아주 조심스럽게 열어놓는 특이한 장르죠. 2008년도부터 독자들이 도무지 이해할 수 없는 젊은 시인들의 시가 많이 나왔어요. 솔직히 저도 오랫동안 시를 읽어왔지만 무슨 말인지 모를 때가 많아요. 하지만 단순히 소통이 안 된다고 해서 그 시가 시로서 가치가 없냐 하면 그건 또 아니에요. 대중에게 널리 알려진 시집이라고 해서 그것이 문학적으로 좋은 시집인 것도 아니지요. 그런 대중성과 예술성 사이에도 분명히 긴장 관계가 있어야 한다고 생각해요. 어떤 시인도 시집을 출간하면서 '내 시집은 안 팔려도 좋아, 한 사람의 독자만 내 시집을 사주면 만족할 거야'라고 생각하지는 않을 거예요. 대중성과 예술성 사이의 균형과 긴장을 중요하게 생각하지요.

제가 지금 한 인터넷 사이트에서 소설을 연재하고 있는데 읽는 사람이 점점 많아지고 있습니다. 처음에는 사람들의 반응을 신경 쓰지 않았는데 인기가 점점 많아질수록 반응을 신경 쓰게 되었습니다. 사람들의 반응을 신경 쓰다 보면 제가 생각하던 대로 나오지 않고, 그렇다고 해서 그 사람들을 무시하자니 골방 속에 박혀 있는 것 같은데, 그 둘을 조율하는 방법은 없을까요?

모든 장르에는 작가의 자의식이 들어가야 합니다. 자의식의 양을 백분율로 놓고 보자면 자의식이 95퍼센트인 작품이 있으면 그 작품은 난해한 작품이 될 가능성이 높고 작가가 자의식을 5퍼센트만 넣으면 대중적인 작품이 될 가능성이 높아요. 사람들은 재밌어 하고 좋아할지 모르지만 작가는 돌아서면 좀 허전함을 느낄 수 있겠죠. 내가 쓰고 싶은 것과 독자들의 요구 사이에서 고민하는 수밖에 없어요. 이것이 글쓰기의 과정입니다. 답은 없어요.

저는 어렸을 때 음악을 했는데, 남들과 다른 표현을 해야 한다는 강박 때문에 음악을 하면서 즐기지 못하고 한계에 부딪힌 적이 많았습니다. 선생님께서도 창작 활동을 하면서 한계에 부딪히시는지, 그리고 이런 고민을 하는 사람들에게 어떤 말씀을 해주고 싶으신지 궁금합니다.

아까 비슷한 질문이 있었는데, 저는 늘 해결이 잘 안 돼요. 늘 부딪혀요. '이 세상에 해야 할 일이 많고 할 일이 많은데 내가 왜 글 쓰는 일을 지금까지 하게 되었을까?'라는 생각을 할 때가 있는데, 대단하게 잘난 글을 쓴 것도 아니지만 후회해본 적은 없어요. 이걸 하다가 저걸 하고 저걸 하다가 이걸 한 게 아니라 지속적으로 한 가지를 해왔다는 점에서 저 자신이 대견하다고 생각할 때도 있어요. 제 제자들 중에도 어려움이 생기면 쉽게 포기하고 다른 일 찾아보는 경우가 많아요. 자신에게 주어지는 일, 시간, 상황, 이런 것들을 진득하게 관찰하고 버티고 맷집이 좀 생겨야 행복하게 살아갈 수 있지 않을까라는 생각을 합니다.

내 생각은
어떻게
내 생각이 되었나?

홍세화

홍
세
화

○

작가이자 사회운동가, 언론인이며, 진보신당(노동당의 전신)의 당대표를 지냈다. 서울대학교 문리과 대학 졸업 후, 1979년 남민전 사건에 연루되어 프랑스로 망명했다가 2002년 귀국하여 한겨레신문 기획위원, 『아웃사이더』 편집위원 등을 지냈으며, 현재 학습협동조합 '가장자리'의 이사장 및 장발장은행의 은행장으로 활동하고 있다. 주요 저서로 『나는 빠리의 택시운전사』, 『쎄느강은 좌우를 나누고 한강을 남북을 가른다』, 『악역을 맡은 자의 슬픔』, 『빨간 신호등』, 『생각의 좌표』 등이 있다.

> 우리는 암기했고 주입받았지, 사유한 적이 없고, 회의하지 않은 채 회의할 줄 모릅니다.

인생에 산이 있다면 저는 한국 사회의 선배로서 산을 내려오는 입장이지만, 여러분은 한국 사회를 열심히 살아갈, 산을 오르는 입장이죠. 그런 여러분에게 꼭 해줘야 하는 말이 있다면 생각에 대한 생각을 하는 것이라고 말할 수 있습니다. '내 생각은 어떻게 내 생각이 되었나?'가 질문입니다. 지금 가지고 있는 생각을 어떻게 내가 갖고 있는가라는 물음입니다. 이 질문과 완전히 일치하지 않더라도, 여러분은 지금까지 살아오면서 제가 여러분에게 던지고 싶은 이 질문을 던져보셨나요? 솔직하게 대답해보세요. 아니죠? 대부분이 그럴 것입니다. 사람은 생각하는 동물이지만 생각을 가지고 태어나지 않습니다. 그런데 지금 여러분이 갖고 있는 생각이 여러분의 삶을 지배합니다. 여러분의 소중한 삶을 어떻게 살 것인가를 규정하는 것이 생각인데, 그 생각을 갖고 태어나지 않았는데도 그런 질문을 하지 않았다면 무슨 생각을 하면서 산다는 것일까요? 그런 의미에서 이 질문은 대단히 중요합니다. '내 생각은 어떻게 내 생각이 되었나?' 이 질문이 생각하는 사람의 출발점입니다.

데카르트가 말한 '나는 생각한다, 그러므로 나는 존재한다.' 이것은 잘 알다시피 근대와 중세 인간관의 변곡점입니다. 중세 인간관은 인간이 하나님에 의해 창조되었다는 것인데, 17세기에 데카르트는 생각하고 사유하는 근대의 인간관을 말했습니다. 그럼 정말 생각을 해봅시다. 데카르트가 한 이 말만 놓고 따져보면 나는 누구일까요? 여기서부터 벽에 부딪칩니다. 생각한다는 것은 무엇일까요? 프랑스에서 고3 학생에게 주어지는 문제 중에 이런 것이 있었습니다. '나는 누구인가라는 질문은 정확한 답변을 허용합니까?' 아무튼 그렇게 나는 누구인지, 또 생각한다는 것은 무엇인지만 놓고 생각해도 질문이 끊임없이 제기됩니다.

'나는 생각한다'는 것은 '나는 회의한다', '나는 질문을 품는다'로 나아가게 되고, 이것이 우리가 보편적으로 알고 있듯이 회의론입니다. 회의하기 때문에 끊임없이 논리를 따지게 되고 그래서 이것이 합리주의 철학의 토대가 되었죠. 실제로 생각하는 사람의 경우에는 이렇게 회의할 줄 압니다. 실제로 생각하면 회의하게 되니까요. 그러나 우리의 경우에는 어린 시절부터 거의 생각한 적이 없습니다. 우리는 암기했고 주입받았지, 사유한 적이 없고, 따라서 회의하지 않은 채 회의할 줄 모릅니다.

> 우리는 생각하지 않고 입력해서 가지고 있는 것을 고집한다는 것이 문제입니다.

여러분 스피노자의 유명한 말, "내일 세상이 멸망하더라도 한 그루의 사과나무를 심겠다." 들어보셨죠? 미래의 불확실성을 핑계로, 내일이 있기 때문에 오늘을 불성실하게 살아가는 우리에게 보낸 경고라고 할 수 있습니다. 그 스피노자가 또 강조한 말이 있습니다. 그것은 의식, 생각의 성질입니다. 한번 갖게 된 의식의 성질은 바로 고집이라는 것입니다. 그래서 여러분도 지금 가지고 있는 생각을 고집하고 있습니다. 친구하고 이야기하다가 서로 생각이 다를 경우 '아 그런가? 그럼 내가 생각을 접을게'라고 하세요? 어림도 없죠. 스피노자의 말을 그대로 옮기면 "사람은 한번 형성한 의식을 고집하는 경향이 있다"고 했습니다. 바로 이 문제입니다. 생각 그 자체의 성질은 고집인데, 생각하는 사람은 회의합니다. 그런데 우리는 생각하지 않습니다. 따라서 한국 사회 구성원들, 여러분을 포함하여 거의 모두가 생각은 하지 않고 고집만 한다는 것이죠. 이것이 오늘 제가 여러분에게 특히 강조해야 하는 우리의 문제입니다. 우리는 생각하지 않고 입력해서 가지고 있는 것을 고집한다는 것이 문제입니다. 어떤 생각을 가져야 할까에 대해 회의하고 의문을 품는 사유의 과정을 거치지 않은 사람은 자신의 생각 속에 입력된 것을 막무가내로 고집합니다.

여러분의 부모님을 예로 들어봅시다. 여러분의 부모님은 같이 사시고 여러분을 낳았습니다. 특히 사회 경제적 처지가 동일하지만 모든 사안에 대해서 같은 생각을 갖고 있을 수는 없죠. 남편과 아내가 각자 서로 다른 생각을 충분히 할 수 있는데, 그러면 열린 자세로 대화하고 토론하다 보면 당연히 조금씩 가까워질 수 있는 가능성이 가장 큰 사이가 부부 사이입니다. 그런데 여러분의 부모님은 이런 상황이 올 때 어떤 모습을 보이나요? 대화와 토론을 통해 생각을 모아가시나요? 아마 대부분 생각이 다른 점이 확인되면 아예 얘기를 안 하는 쪽을 선택할 겁니다. 왜냐하면 얘기를 꺼내서 서로가 서로를 설득하려 해봤자 각자가 막무가내로 고집만 하다가 말다툼이 일어나고 신경 싸움으로 번지기 때문입니다. 이것이 바로 우리 사회 구성원들이 보이는 일반적인 모습입니다. 각자가 생각을 고집할 뿐 그 고집이 어디서 왔는지 묻지도 않을 만큼 생각하지 않고 산다는 것입니다. 여러분의 생각 속에는 가치관, 세계관, 인생관이 담겨 있는데, 여러분이 자신의 생각을 막무가내로 고집하고 있다면 여러분의 소중한 삶의 방향은 이미 결정돼버렸고 앞으로 바뀔 가능성이 없다는 것을 의미합니다. 그럼 여러분이 그 생각을 가지고 태어나지 않았는데 어떻게 지금 가지고 있을까요? 생각하는 사람이라면 당연히 가져야 할 생각입니다. 여러분은 여러분이 지금 가지고 있는 생각을 스스로 창조했나요? 어림도 없죠. 우린 사상가가 아닙니다. 그렇다면 여러분이 가지고 있는 생각을 여러분이 직접 선택하셨나요? 어떻습니까? 이 질문에도 여러분은 당당하게 대답하지 못할 만큼 사유하지 않았다는 것입니다.

여러분은 본인이 고집하는 생각 자체에 대해 겸손해졌으면 좋겠어요. 또 그 생각이 어디서 왔는지 끊임없이 고민하는 사람이 되길 바랍니다.

여러분은 사유해본 적이 없습니다. 물론 여러분의 잘못이 아닙니다. 왜 이런 상황에 와 있을까요? 나에게 가장 중요한 내 삶을 어떻게 살아갈 것인지를 결정하는 그 생각, 내가 고집하고 있고 앞으로 바뀔 가능성도 별로 없는 그 생각을 내가 창조한 것도 아닌데 과연 내가 선택한 것이기는 한가에 대해서조차 당당히 답변할 수 없으니 말입니다.

이런 상황에서 벗어나기 위한 방법으로 제가 여러분에게 제일 먼저 요청하고 싶은 것은 '내 생각은 어떻게 내 생각이 되었나?'라는 질문을 끊임없이 던지라는 것입니다. 그리고 내 생각의 성질은 고집이기 때문에 그 생각에 대해 겸손해졌으면 좋겠습니다. 사람과 사람이 어떤 관계에 있을 때 가장 가까운 사이일 수 있을까요? 아리스토텔레스의 말을 빌리자면, 가장 돈독하고 가까운 인간관계는 이 세상을 같이 바라볼 때 가능하다고 했습니다. 이 세상을 바라보는 시각, 생각이 같을 때 그만큼 두 사람의 관계는 돈독해진다는 것입니다. 우리는 처음부터 생각이 같을 순 없지만 열린 대화와 토론으로 생각을 모을 수 있습니다. 그리고 그렇게 함으로써 이 세상을 같이 바라보는 데에서 오는 즐거움, 풍요로움을 느낄 수 있습니다. 사람은 어차피 의식의 주체가 각자이기 때문에 고립된 섬처럼 살아갑니다. 그래도 서로 다른 세계관이 조금씩 가까워지면서 누릴 수 있는 즐거움이 있다면 덜 외로울 수 있어요. 우리 사회는 그런 즐거움이 거의 불가능한 지경에 와 있기 때문에 사람들이 더 고립된 섬으로 살아가고 관계의 풍요로움을 향유하지 못하기 때문에 더욱 소유에 집착하는 것 같습니다. 여러분은 본인이 고집하는 생각 자체에 대해 겸손해졌으면 좋겠어요. 또 그 생각이 어디서 왔는지 끊임없이 고민하는 사람이 되길 바랍니다.

한국 사회의 가정교육, 학교교육 과정에 심각한 문제가 있습니다.

여러분은 정말 생각하는 사람이 되어야 한다는 것을 강조하는 의미에서 여러분은 지금까지 생각하는 사람이 아니었다고 말씀드렸습니다. 그리고 그것은 여러분 각자의 잘못이 아니라는 것도 말씀드렸습니다. 그렇다면 대체 왜 이렇게 된 것일까요? 그것은 바로 한국 사회의 가정교육, 학교교육 과정에 심각한 문제가 있기 때문입니다. 학생들이 사유하게 하지 않고 암기하게 한 것, 글쓰기를 훈련시키지 않은 것이 지금의 결과를 도출했다는 것입니다. 이 점을 한번 분석해볼까요?

어머니 뱃속에서 나온 후 우리는 사회화 과정을 거칩니다. 사회화 과정에서 가장 중요한 두 장소는 바로 가정과 학교지요. 이 두 곳에서 우리의 의식 세계의 대부분이 형성됩니다. 그런데 한국 사회에서는 이 두 곳에서 아이들이 사유하도록 교육하지 않습니다. 유태인의 경우 부모가 아이에게 일상적으로 던지는 질문이 '네 생각은 무엇이니?'라고 합니다. 아이의 생각이 무엇인지, 아이가 어떻게 생각하는지를 끊임없이 질문한다는 것입니다. 아이는 당연히 부모로부터 질문을 받으니 어떻게 대답해야 할까를 끊임없이 고민하고 사유하는 과정을 어린 시절부터 반복하겠지요. 우리는 그런 유태인과 완벽하게 대척점에 서 있습니다. 부모가 아이에게 생각을 묻기는커녕 아이가 질문을 던지면 귀찮아하며 대충 답하거나 무시해버리는 경우가 많습니다. 유럽의 한 아동학자가 아이가 태어나서 말을 시작한 시점부터 만 3세가 될 때까지 아이가 한 말을 모두 녹음, 분석한 결과 아이가 가장 많이 사용한 단어는 첫째가 '엄마', 둘째가 '왜'였다고 합니다. 아이가 묻는 것은 생각하는 존재이기 때문입니다. 아이는 궁금한 것이 생기면 엄마에게 물어봅니다. 엄마가 대답을 해주면 아이의 질문은 꼬리를 물고 계속되죠.

하지만 한국에서는 흔히 꼬리를 물고 이어지는 '왜'를 감당하지 못하고 질문을 빨리 차단해야겠다는 생각에서 나오는 답변들이 있습니다. '크면 알게 돼', '나도 몰라'와 같은 불성실한 답변들이죠. 아이 입장에서 역지사지를 해보면, 아이에게 엄마는 이미 다 큰 존재입니다. 커서 알게 된다면 엄마는 다 컸기 때문에 다 알아야 하는데도 엄마가 '크면 알게 돼' 하는 것은 생각 없이 산다는 것의 전형적인 모습입니다. 그럼에도 불구하고 생각하는 사람이기 때문에 또 물어보면 야단맞습니다. 아이는 결국 '왜'라는 질문을 스스로 던지지 못하게 됩니다. 가장 가까운 엄마, 아빠가 '왜'라는 질문을 싫어하니까요.

그럼 아이의 질문은 누가 받아줍니까? 학교에서 받아줍니까? 사회에서 받아줍니까? 군대에서 받아줍니까? 우리 사회는 토론 문화가 죽은 사회, 합리성의 추구가 죽은 사회입니다. 2100년경 전에 태어난 키케로라는 로마의 공화주의자이자 정치가가 있습니다. 이 사람이 반어법으로 사용한 말이 있습니다. "논리로 안 되면 인신을 공격하라." 그만큼 논리가 중요하다는 뜻인데 이 말 자체가 한국의 전형적인 모습입니다. 사회에 비판적이면 바로 '종북 좌빨'이라고 인신공격을 합니다. 잘 지내다가도 상대가 좀 마음에 안 든다 싶으면 '당신 전라도 사람이지?'라면서 출신지를 거론합니다. 자동차 접촉 사고가 나면 '당신 몇 살이야?'라면서 나이를 따지는 경우도 흔히 볼 수 있습니다. 논리로 안 되니까 인신을 공격하는 것입니다. 요즘을 인터넷 시대라고 하죠. 인터넷이 발전하면 쌍방 소통이 된다고 하는데 솔직히 저는 다양한 형태로 나타나는 댓글을 보면 비관적이고 절망적입니다. 인터넷에서 제가 발견한 것은 오로지 인신공격입니다. 어떤 주장에 논리로 반박하기보다는 곧바로 인신공격을 하는 것입니다. 이것이 바로 우리의 수준입니다. '왜'라는 질문을 일찍 거부당한 아이가 학교로 가서도 도무지 사유가 없는 상태로 생활한 결과인 것입니다.

> 암기에는 내가 없습니다. 나라는 존재가 소거된 인간과 사회에 관한 학문이 가능할까요?

학교에서는 뭘 공부할까요? 두 가지입니다. 인문사회과학과 자연과학-수학. 인문사회과학은 문자 그대로 인간에 대한 물음, 사회에 대한 물음의 학문입니다. 국어, 사회, 역사, 지리, 경제, 정치, 철학 등이 여기에 해당하겠죠. 자연과학은 자연현상에 대한 물음입니다. 수학과 과학이지요. 그런데 자연과학은 정밀과학이기 때문에 답을 찾아내는 데 비해 인문사회과학은 인간과 사회에 관한 물음이기 때문에 정답이 없습니다. 가장 비근한 예로 사형제도는 있는 게 정답인가요, 없는 게 정답인가요? 여기에는 정답이 없습니다. 다만 생각이 있을 뿐입니다. 여러분은 존엄사, 군 가산점 문제 등에 대해 생각해보셨습니까?

얼마 전에 프랑스에서 의사가 환자의 의견을 존중하여 생명유지 장치를 끊었습니다. 네덜란드만 해도 제한된 조건이지만 존엄사가 법제화되어 있는데 프랑스에서는 논의 중이어서 의사가 기소를 당했습니다. 여러분이 배심원이라면 어떻게 판단하겠습니까? 이것이 우리가 사유해야 하는 이유를 보여주고 있습니다. 인간과 사회에 대해 공부하려면 사유와 논리가 요구되고, 나의 생각을 정리하고 피력하는 데는 글쓰기가 필수적입니다. 여러분은 학교 다니면서 글쓰기를 얼마나 하셨나요? 그에 비해 암기는 얼마나 하셨나요? 인문사회과학은 질문의 학문입니다. 그런데 우리는 학교에서 질문에 대한 나의 생각의 논리를 평가받아야 하는데 글쓰기는 거의 하지 않고 암기로 글쓰기를 대신합니다. 즉 인문사회과학은 정답이 없는 학문인데 정답이 있는 학문이 되었습니다. 우리가 공부한 방식은 사유 없는 암기를 한 것입니다.

결국 이것은 인문사회과학 자체를 공부하지 않았다는 것이고 그것은 곧 사유해보지 않았다는 것입니다. 인문사회과학은 인간과 사회에 대한 학문이기 때문에 인문사회과학 공부를 잘한다는 의미는 그만큼 인간을 이해하고 세상을 보는 눈이 뜨였다는 의미인데, 한국에서는 인문사회과학, 즉 국어, 역사, 사회, 정치, 철학을 잘한다는 의미는 시험을 보고 나서 잊어버린다는 것이고, 못한다는 것은 시험을 보기 전에 잊어버린다는 것입니다. 여기에 어떤 차이가 있을까요? 결국 우리는 인문사회과학 공부를 한 적이 없는 것입니다. 왜냐하면 사유해본 적이 없으니까요.

이보다 더 중요한 문제가 있습니다. 우리가 고집하는 그 생각의 출처가 어디일까요? 글쓰기와 암기의 차이점을 살펴볼 필요가 있습니다. 글은 누가 쓰나요? 내가 씁니다. 글쓰기에는 내가 있습니다. 그런데 암기는 어떤가요? 모든 학생에게 똑같은 내용을 주입시키는 과정에 '내'가 있을까요? 암기에는 내가 없습니다. 나라는 존재가 소거되어버렸다는 것입니다. 나라는 존재가 소거된 인간과 사회에 관한 학문이 가능할까요? '나'는 남자도 있고 여자도 있고, 성 소수자도 있고, 이주 노동자의 자식도 있고, 가난한 사람, 부자인 사람, 농촌 사람, 섬사람도 있습니다. 이런 다양한 내가 각자 자기의 자리에서 정체성과 계급성을 토대로 인간과 사회에 대한 물음에 자신의 견해를 피력하고 논리를 담아야 하는데, 여기에 내가 없다면 이것은 인문사회과학이 아닙니다. 그렇다면 우리 모든 학생에게 암기하도록 요청되는 그것은 과연 누가 선택할까요? 우리가 암기하고 고집하는 그 생각, 그것은 어디에서 온 것일까요? 저는 그것이 객관적 진리로 포장된 지배 세력의 관점이라고 아주 간단히 말합니다. 우리는 지배 세력의 관점을 암기하고 끊임없이 고집하는 것입니다. 이것이 전체주의 교육이지요.

내가 나의 의식 세계를 주체적으로 형성하려면 어떻게 해야 할까요?

'내 생각은 어떻게 내 생각이 되었나?' 이 질문이 바로 생각하는 사람의 출발점이라고 제가 앞에서 거듭 강조했습니다. 여러분이 정말 사유하는 사람이라면 이 질문을 던지면서 겸손할 수 있어야 하고, 여러분이 지금 갖고 있는 생각은 바뀌어야 한다고, 생각의 문을 항상 열어놓고 있어야 한다고 말씀드렸지요. 그러면 이 질문과 관련해서 우리가 의식을 형성하는 경로를 한번 살펴볼까요?

우리가 의식을 형성할 때는 내가 주어로서 개입하면서 의식을 형성하는 경로가 있고 그저 대상으로, 객체로서 의식을 형성하는 경로가 있습니다. 우리가 객체로서 의식을 형성할 때 가장 큰 영향을 미치는 것은 대중매체죠. TV 앞에서 우리는 시청자로 불립니다. 우리는 보고 듣는 사람이지 제작자가 아니라는 것입니다. 우리는 TV를 시청하면서 생각을 꾸역꾸역 흡수합니다. 그런데 대중매체는 무엇을 먹고사나요? 자본의 논리죠. 우리의 의식 세계는 TV를 통해 자본의 논리를 흡수하게 됩니다. 그리고 앞에서 이야기했듯이 암기 교육이 있습니다. 학교에서 인문사회과학을 주입시키는 대로 암기하고 흡수하죠. 이것이 우리의 의식 세계 안에 차곡차곡 쌓이는 것입니다. 그리고 흡수하는 과정에서 사유하지 않았기 때문에 스피노자가 강조한 대로 회의하지 않고 끊임없이 고집하는 것입니다. 그럼 대중매체에 자본의 논리가 관철된다면, 제도 교육은 누가 장악하고 있나요? 국가권력입니다. 국가권력이 장악하고 있는 제도 교육을 통해 주입된 생각이 우리의 의식 세계를 점령하고 있는 것입니다.

　세계를 바라보는 관점을 어려서는 교육을 통해서, 성인이 되어서는 뉴스를 통해서 흡수합니다. 국가권력과 대중매체가 내 의식 세계를 지배할 수 있다는 것입니다. 그럼 내가 나의 의식 세계를 주체적으로 형성하려면 어떻게 해야 할까요? 내가 어떤 생각을 가져야 할까를 물어볼 대상은 사람밖에 없습니다. 그런데 그럴 경우 나는 그 사람의 의도에 따라서 그의 노예가 될 수도 있지요. 그래서 물어볼 대상은 나를 조정하지 못할 죽은 사람일수록 좋습니다. 죽은 사람의 생각을 어떻게 물어볼까요? 가장 좋은 방법은 그 사람의 생각이 그대로 적혀 있는 책을 읽는 것입니다. 나와 같이 생각하는 존재인 사람들이 지금까지 남긴 수많은 책을 참조하여 나의 의식 세계를 풍요롭게 하는 것이 독서입니다. 동시대의 생각을 참조하기 위해서는 토론을 하면 됩니다. 주체적으로 의식 세계를 형성하는 또 다른 방법은 직접 견문입니다. 직접 보고 겪는 것이죠. 이러한 독서, 토론, 직접 견문을 바탕으로 소우주와 같은 나의 의식 세계에서 다시 고민하는 과정이 바로 숙고와 성찰입니다. 이 네 가지의 주어는 나입니다. 나의 정체성, 계급성이 독서, 토론, 직접 견문, 숙고와 성찰에 개입할 수 있지요.

다시 한번 여러분이 숙고하고 성찰하기를 바랍니다. 책 좀 읽읍시다. '내 생각은 어떻게 내 생각이 되었나'라는 질문을 스스로 던집시다. 그리고 자기가 가지고 있는 생각에 대해서 겸손해집시다. 겸손해지면 틀림없이 공복감을 느낄 것이고, 스스로 그 공복감을 채워나가는 과정에서 필연적으로 이 네 가지, 즉 독서, 토론, 직접 견문, 숙고와 성찰을 하게 될 것입니다.

> 자아실현도 소박하고 생존도 소박한, 그런 의미의 '소박한 자유인'이 여러분의 지향과 맞닿아 있길 바랍니다.

스무 살의 제 자신을 되돌아봐도 어떻게 살아야 할지 참 전망이 보이지 않는 시기가 있었던 것 같습니다. 우리말에 '짓다'라는 표현이 있죠. 밥을 짓고 농사도 짓고 집도 짓고 죄도 짓습니다. 이 '짓다'는 우리말에서 아주 특별한 의미를 가지고 있는 것 같습니다. 우리에게 중요한 의식주가 다 '짓다'의 대상입니다. 당연히 잘 지어야겠죠. 가장 중요한 '짓다'는, 이 점이 제가 강조하고 싶은 것인데, 나를 짓는 것입니다. 여러분 각자가 나라는 존재를 어떻게 지을 것인가에 대한 자유, 즉 흔히 이야기하는 자기 형성의 자유를 가져야 합니다. 여러분이 어떤 인간이 되는 데에는 물론 환경과 시대적, 역사적 제약이 있지만 여러분이 스스로를 어떻게 만들 것인지는 궁극적으로 여러분에게 달려 있습니다. 나라는 인간을 어떤 인간으로 지을 것인가가 여러분에게 가장 중요한 물음이 되어야 하고, 그러기 위해서는 남과 비교해서는 안 됩니다. 남과 비교하는 것은 가장 빠지기 쉬운 함정입니다. '남보다 더 나아야지'라고 생각하는 것은 내 삶의 기준이 남이 되는 것입니다. 여러분의 삶의 기준은 당연히 여러분 자신이어야 합니다. 그럼 뭘 비교할까요? 어제의 나와 오늘의 나를 비교해야 합니다. 두말할 것도 없이 끊임없는 성숙의 문제죠. 존재와 관계의 끊임없는 성숙을 위한 비교만을 해야 합니다. 남과의 비교는 거의 무의미합니다. 자본주의사회는 끊임없이 남과 비교할 것을 요청합니다. 여러분이 이를 물리치기 위해서도 탄탄한 인문학적 토대가 필요합니다.

 사람은 본능적으로 자아실현을 하기 위한 사회적 존재로서의 욕구가 있습니다. 내가 속한 사회에 나를 작용해서 긍정적인 변화를 추동하면서 의미와 보람을 느끼는 것이 자아실현입니다. 당연히 교육 활동, 정치 활동, 언론 활동, 예술 활동 등 다양한 활동을 통하여 이 사회에 기여함으로써 자아실현을 하겠다는 목표가 있어야 스무 살일 것입니다. 이 목표를 실현하기 위해서는 먹고살아야 하는 생존의 문제가 있습니다. 목표를 실현하기 위한 조건이 생존입니다. 정확하게 짚고 넘어가야 할 것은 절대 생존이 목표일 수는 없다는 것입니다. 그런데 한국 사회는 지금 어떤 지경에 와 있나요? 지금 여러분도 생존의 어려움 때문에 불안을 겪고 있듯이 너무 많은 사람이 비극적이게도 생존에 급급해 자아실현을 접어버린 게 아닌가 생각합니다. 너무 안타깝고 기성세대로서 미안합니다. 그렇지만 그럼에도 불구하고 생존은 자아를 실현하기 위한 조건에 지나지 않는 것입니다. 생존이 목표가 되어서는 안 됩니다. 지금 여러분이 갖고 있는 생존에 대한 불안은 어떤 의미에서는 방금 말씀드린 것처럼 비교 우위를 차지해야 한다는, 남보다 더 잘살아야 한다는 조바심 때문에 왜곡된 점이 있을 수 있습니다. 생존이라는 것은 자아를 실현할 수 있는 조건에 머물러야 하는데, 우리는 지금 비교 우위 때문에 잘못된 생존을 목표하고 있는 것은 아닌지 스스로 질문을 던져봐야 합니다. 생존의 불안을 이루고 있는 것 중 하나가 지나친 욕망은 아닌지 질문을 던져봐야 한다는 것입니다.

그래서 마지막으로 여러분에게 드리고 싶은 말씀은 '소박한 자유인'이 되자는 것입니다. 자아를 실현하는 일을 통하여 생존이 담보되는 사람을 일컬어 자유인이라고 부릅니다. 내가 하고 싶은 일, 내가 보람을 느끼는 일을 하며 생존까지 해결하는 사람이 바로 자유인이라고 할 때 여러분이 기억하길 바라는 것은 '소박한 자유인'입니다. 즉 자아실현도 너무 거창하게 하려고만 하지 말고 소박한 수준에서 만족할 줄 알아야 합니다. 특히 무엇보다도 소박한 생존 조건에 머물 줄 알아야 합니다. 그래야 자유인이 될 수 있습니다. 한국에서 자아실현도 거창하게 하고, 생존도 유족하게 한다는 것, 그것은 거짓입니다. 자아실현도 소박하고 생존도 소박한, 그런 의미의 '소박한 자유인'이 여러분의 지향과 맞닿아 있길 바랍니다.

질문과 대답

남들과 비교를 하지 말라고 하셨습니다. 그런데 인간은 사회적 동물로 여러 사람과 교류를 하며 살아가는데 이 비교를 잘 활용하면 어떨까 생각합니다. '이 친구는 이렇고, 나는 이렇다'를 인정하면 나를 좀 더 발전시킬 수 있는 계기가 되지 않을까요?

당연히 맞는 말입니다. 아까 말한 비교는 서로 장점을 주고받는 교류보다는, '내가 더 낫다', '내가 우위에 있다'는 만족감을 느끼려 하는 저급한 속성을 말한 것입니다. 한국인은 이런 속성을 갖고 있습니다. 예를 들면 우리는 대부분 이주 노동자를 대할 때 우리가 그들보다 낫다는 우쭐함을 갖고 있습니다. 이런 비교가 아닌, 장점을 교류할 수 있는 비교라면 당연히 긍정적이라고 봅니다.

저는 살아오면서 남들보다는 책을 좀 읽었다고 생각합니다. 그런데 가끔 내 생각이 남을 답습한 생각이 아닐지, 남의 생각이 아닌지 등에 대해 생각합니다. 남의 생각을 통해 자신의 생각을 풍요롭게 하는 것도 좋은데, 그 속에서 주체적으로 자신의 생각을 만들기 위해서 어떤 성찰의 과정을 거쳐야 할까요?

많은 독서를 하는 중에 '일방적인 주입이 아닌가?'라는 고민을 하면서 또 다른 책도 만나야 되는 것이죠. 그것이 중요한 것입니다. 여러 책을 읽다 보면 자신의 사고의 폭과 깊이가 달라진 것을 느낄 수 있습니다. 그래서 책을 좀 더 읽어야 한다고 말씀드리고 싶습니다. 책을 읽는 것과 함께 글을 쓰는 것이 대단히 중요하다고 생각하는데, 정리된 생각이 있어서 글을 쓰는 것이 아니라 글을 쓰는 과정에서 내 생각을 정리하게 됩니다. 글을 쓰면서 자기 생각을 구축해나가게 된다고 생각합니다.

선생님께서 풍부한 관계를 원한다면 열린 대화와 토론을 하라고 하셨습니다. 제가 남자 친구와의 풍부한 관계를 위해 싸울 때마다 대화로 생각을 맞춰나가려고 하는데, 남자 친구가 대화를 거부하고 짜증을 내며 대화를 단절합니다. 이런 사람들과 대화를 이어가려면 어떻게 해야 할까요?

어려운 문제죠. 포기하면 안 됩니다. 집요해야 합니다. 절대로 쉽게 이뤄지지 않을 것입니다. 어렵기 때문에 대부분이 포기하는 것이죠. 세상을 변화시키고 사람을 변화시키는 것이 어렵기 때문에 다들 시도하려고 하지 않습니다. 그래서 세상도 변하지 않는 것입니다. 정말 끝까지 포기하지 않는 자세가 우리에게 필요합니다. 여러분이 살아가면서 느끼겠지만, 쉽게 이뤄지는 것은 의미가 없습니다. 정말 어렵게 이뤄지는 일이 의미가 있습니다.

신문은 사회의 거울이라는 말씀을 하신 만큼 언론인의 자세에 대해 많은 생각을 하실 것 같습니다. 현대사회의 언론에 대해 어떻게 생각하시는지 궁금합니다. 또 선생님이 언론인에게 바라는 점도 여쭙고 싶고, 민주주의 사회에서 언론은 어떤 형태로 존재해야 한다고 생각하시는지도 궁금합니다.

언론도 인간과 마찬가지로 자아실현과 생존 사이에서 겪는 어려움이 있습니다. 언론은 당연히 진실과 공익을 목표로 해야겠지만 한국의 신문 시장을 보면 공익과 진실을 추구하기보다는 사익을 추구하는 신문이 너무 많습니다. 결국 한국의 대부분의 언론은 언론권력을 극대화하기 위해 언론을 무기로 삼고 있는 상황이 아닌가 하는 생각이 듭니다. 그런 의미에서 언론인을 목표로 하는 분에게 제가 드리고 싶은 말씀은, 아까 말씀드린 대로 '소박한 자유인'의 길을 가야 한다는 점과, 언론인, 그러니까 기자라면 기록하는 사람으로서 글쓰기를 끊임없이 하는 것이 중요하다는 것입니다. 글쓰기보다 중요한 것이 없습니다.

선생님께서 우리 사회가 논리는 없이 상대방을 인신공격한다고 말씀하신 것처럼, 현대사회가 합리주의 사회라고는 하지만 우리는 비합리적인 일들만 하고 있다는 생각이 듭니다. 이러한 현실에서 우리가 책을

읽고 자신의 생각을 확장하더라도 주변이 비합리적인 세상인데, 우리는 어떠한 태도를 취하며 살아가야 하나요?

자기를 지키기란 쉽지 않습니다. 똑같은 이야기를 할 수밖에 없는데, 솔직히 세상은 비관적입니다. 적어도 제가 지금까지 살아온 세상은 비관적입니다. 그래서 제가 사무엘 베케트의 표현을 좋아하는데요, '실패하라, 조금 더 낫게 실패하라'입니다. 결국 어려움이 있다 해도 어려운 만큼 더 가치 있는 일입니다. 끊임없이 하는 말이지만, 우리가 가는 길이 어려운 게 아니고, 어려운 길이기 때문에 우리가 가야 한다고 생각합니다. 이런 자세가 필요하지 않을까 생각합니다. 도움이 됐으면 좋겠네요.

대학교 처음 들어와서 어른들에게 '어떤 책을 읽으면 좋습니까?' 하는 질문을 했을 때 '고전 명작을 읽어라'라는 대답이 돌아오곤 했습니다. 예를 들어 공자의 『논어』나 플라톤의 『국가론』을 읽으라고 했습니다. 그런데 저는 그런 고전 명작에 대해 약간 반감을 갖고 있습니다. 그런 책들은 저 같은 사회 초년생이 혼자서 읽고 사유하기엔 무리가 있다고 생각됩니다. 저 같은 사회 초년생이 고전 명작을 읽는 것에 대해서 어떻게 생각하시는지, 또 선생님께서 여러 책을 읽으시면서 '이 책은 정말 좋구나' 했던 책이 있었다면 한 권 소개해주십시오.

우선 반감까지는 가지지 마셨으면 합니다. 인문학 공부를 할 때에 중요한 것은 자기 삶의 궤도에 대한 성찰 없이 단순히 하나의 책을 읽고 입력하는 과정이라면 그 독서는 아무 의미가 없다는 것입니다. 거의 숙지하듯 읽는 것은 의미가 없습니다. 그 책이 자기 삶의 궤도를 수정하거나 자기 삶에 작용할 때 의미가 있는 것이지요. 내 삶을 성찰하고 궤도를 바꿀 수 있는 용기를 준다면, 내 삶의 일상 자체에 용기를 준다면 그것이 인문학이고 읽을 가치가 있는 책이라고 생각합니다. 절대로 책을 숙지하듯 읽지 마시고, 책은 책을 부르기 때문에 나한테 다가오는 책, 그 책을 중요하게 여기세요.

그리고 책 하나 소개해달라고 하셨는데, 생각나는 대로 말씀드리자면 『전태일 평전』이나 『대한민국사』 같은 책을 읽으셨으면 좋겠습니다. 대한민국 국민이니 역사는 기본입니다. 또 16세기에 에티엔느 드 라 보에티라는 프랑스 사람이 쓴 『자발적 복종』이라는 작은 책이 있습니다. 프랑스에서는 마키아벨리의 『군주론』만큼이나 널리 읽히는 고전 중의 하나입니다. 노예는 자기 신분상 어쩔 수 없이 복종하면서 살아가고 있지만, 자발적으로 복종하는 사람은 본인이 노예이면서도 노예인 줄 모른다는 내용입니다. 한국 사회엔 자발적으로 복종하는 사람들이 너무나 많아 보입니다.

두 가지 질문이 있습니다. 첫 번째로, 내게 해가 되는 것과 해가 되지 않는 것을 어떻게 구분할 수 있나요? 또 진실 된 사유, 즉 진리라는 것이 존재할 수 있을지가 궁금합니다. 두 번째로, 자신이 확신할 수 있는 진리나 신념이 없다면 계속해서 회의와 혼란에 빠지지 않을까요?

철학의 고전 명제 중 하나가 '존재가 의식을 규정한다'는 것입니다. '나는 내 존재에 맞는 의식을 갖고 있는가?' 이것이 기본적인 출발점이 되어야 합니다. 물론 '내 존재에 맞는 의식'을 완벽하게 가질 수 있는가, 또 어떤 것이 완벽한 것인가를 규정하기는 당연히 쉬운 문제가 아닙니다. 다만 이러한 토대 위에서 내 존재에 맞지 않는 의식을 가질 수 있다는 의심을 당연히 해야 하는 것입니다. '내 생각은 어떻게 내 생각이 되었나?'라는 질문에서 한 단계 더 나아갔을 때 '나는 나로서 가져 마땅한 생각을 갖고 있을까?'라는 물음을 던지게 된다는 것이죠. 예를 하나 들어봅시다. 여러분이 한국에서 암기 교육을 많이 받았는데, '리퍼블릭Republic'의 어원이 무엇인지 아시나요? 우리가 '리퍼블릭'의 구성원으로서 공유해야 할 가장 기본적인 가치가 무엇인가요? 우리는 '리퍼블릭'에 살고 있음에도 불구하고 대다수가 '리퍼블릭'의 어원을 알지 못합니다. '리퍼블릭'은 라틴어 '레스 푸블리카res publica'에서 온 말로, '공적인 일'을 뜻하는 이 말의 핵심적인 가치는 공公 개념입니다. 공익적 가치가 '리퍼블릭'의 핵심적인 요구 사항이라는 것이죠.

우리 헌법 제1조 1항에서 '대한민국은 민주공화국이다'라고 '리퍼블릭'을 선언하고 있다면 '리퍼블릭'의 구성원인 우리들이 공교육을 통해 공유해야 할 가치는 바로 공익적 가치라는 것입니다. 공익을 우선시해야 하고 공공성이 국가의 가장 기본적인 소명이 되어야 합니다. 그런데 과연 그런가요? 현실은 그렇지 않죠. 이것이 바로 존재에 맞지 않는 의식의 전형적인 예입니다. 우리는 학교에 다니면서 그토록 암기를 많이 했지만, 이런 기본적인 가치를 공유하지 못할 만큼 일방적인 주입을 받은 것입니다.

얘기가 나온 김에 예를 하나 더 들어보죠. 16-14-12-10-8. 이것은 16에서 8까지 2씩 줄어드는 만국 공통의 숫자입니다. 이걸 보고 여러분은 무엇이 떠오르나요? 네, 2씩 줄어드는 수열이죠. 그런데 제가 바라는 답이 있습니다. 이것은 자본주의사회에서 노동자에게 요구되었던 하루당 노동시간의 개략적인 변화입니다. 자본주의사회에 살고 있는 여러분은 초등학교에서부터 대학생이 될 때까지 정치, 경제, 역사, 지리 등의 사회 과목을 10여 년 동안 공부했습니다. 자본주의사회에 살고 있는 여러분은 그렇게 사회를 공부했으면서 이 숫자를 보고 노동시간을 떠올리지 못하는 의식 세계를 갖고 있습니다. 과연 그것이 내 존재에 맞는 의식일까요? 저는 전혀 그렇지 않다고 생각합니다. 이런 점들에 대한 성찰이 필요합니다. 여러분이 지금 형성하고 있는 의식 세계에 대해서 '과연 나의 존재에 맞는 의식이기는 한 것인가?'라는 아주 기본적인 물음을 먼저 던져야 합니다.

현재 교직을 이수하면서 선생님이 될 준비를 하고 있는데, 선생님이 되겠다고 결심한 동기는 수업을 들으면서 학교에 문제가 많다고 느꼈기 때문입니다. 그래서 선생님이 돼서 10년 정도 근무하면서 경험을 쌓은 후 그 경험을 바탕으로 학교 문제를 시정할 수 있는 제도를 만들고 싶다는 꿈을 가지고 있습니다. 오늘 강연을 들으면서 우리 교육, 특히 인문사회과학 계열의 교육을 많이 변화시켜야 한다는 생각이 들었는데요, '그럼 과연 나는 무엇을 할 수 있을까?'를 생각해보니 뜬구름만 잡힙니다. 책을 많이 읽어야 할지, 글을 먼저 써야 할지 고민이 되는

데, 인문사회과학 계열의 학교 수업을 바꾸려면 어떤 것부터 하면 좋을지 조언을 구하고 싶습니다.

지금 말씀하신 데 답이 다 들어 있어요. 책 많이 읽으시고, 스스로 글쓰기 하세요. 우리 학생들이 글쓰기나 토론 수업 등을 통해 스스로 자기 사유를 표현하도록 해야 합니다. 자연과학이나 수학을 잘하는 학생들은 머리가 좋게 태어난, 운이 좋은 학생들입니다. 한국 사회는 인문사회과학도 암기를 잘하는 머리 좋은 학생들에게 유리하게 만들어놨는데, 인문사회과학은 머리 좋은 학생들에게 유리한 것이 아니라 책을 많이 읽은 학생들에게 유리하게 해야 합니다. 그런 쪽으로 교육이, 교실이, 일상 자체가 바뀌도록, 물론 제약이 많지만, 교사가 긴장감을 가지고 노력해야 한다고 생각합니다. 결국 책을 많이 읽고, 글쓰기를 하고, 토론 수업을 하시길 바랍니다.

공부,
인간답게 잘 살기 위한
안목 높이기

○

○

박철홍

박
철
홍

○

서울대학교 교육학과에서 학사 및 석사 학위 과정을 이수하고 미국 뉴욕주립대학교에서 존 듀이의 교육 사상에 대한 연구로 박사 학위를 받았다. 학이불염學而不厭 교이불권敎而不倦을 삶의 좌우명으로 하고 있으며, 현재 영남대학교 교육학과 교수로 재직 중이다. 영남대학교 사범대학장과 교육대학원장, 한국도덕교육학회 회장을 역임하였다. 주요 저서로는 『도덕성 회복과 교육』(공저), 『교육윤리가 바로 서야 나라가 산다』(공저) 등이 있고, 역서로는 『예언자』, 『경험과 교육』, 『경험으로서 예술』 등이 있다.

여러분은 무엇을 얻고자 그렇게 죽기 살기로 공부하고 있습니까?

여러분은 공부하기 위하여 대학에 와 있습니다. '공부는 왜 하는가?' 하는 물음은 대학생에게 가장 근본적인 문제입니다. 이 시간에 저는 여러분과 함께 이 문제에 대해 생각해보려고 합니다. 이 강의가 끝날 때쯤에 여러분 모두가 공부는 잘 사는 것과 불가분의 관계가 있다는 것을 깨닫게 되기를 바랍니다. 그리고 잘 사는 삶이 무엇인지에 대한 교육학적 사고가 정립되기를 기대합니다.

여러분은 태어나서 지금까지, 적어도 초등학교 때부터 지금까지 오랫동안 그것도 '열심히' 공부를 해왔습니다. 그리고 그 결과 대학에 들어왔고, 오늘 이 자리에서 저와 만나는 인연을 맺게 되었습니다. 그렇게 오랫동안 열심히 공부하셨으니 당연히 공부가 무엇인지 아주 잘 알고 있다고 보아야 하겠지요. 그런데 과연 그런가요? 하나 물어봅시다. 여러분은 무엇을 위해서 그렇게 열심히 공부하셨습니까? 무엇을 얻고자 그렇게 죽도록 공부해서 대학에 왔으며, 대학에 와서까지 죽기 살기로 공부하고 있습니까?

오랜 기간 대학생들을 가르치면서 제가 느낀 점 중 하나는 학생들이 제대로 된 공부를 해본 경험이 거의 없다는 것이었습니다. 학생들이 공부를 한다며 열심히 하긴 하는데 정작 공부가 무엇인지 모르고 있는 것 같습니다. 저는 이 문제가 심각하다고 느껴 10여 년 전부터 '대학 교육의 의미와 대학생의 공부법'이라는 교양 강좌를 만들어서 학생들에게 공부를 왜 해야 하며 어떻게 해야 하는지를 가르쳐왔습니다. 왜 공부하는지, 어떻게 공부해야 하는지를 아는 것은 공부를 할 때 가장 기본이 되는 것이면서 또한 궁극적으로 깨달아야 하는 것이라고 생각합니다.

공부를 왜 하는가 하는 문제를 직접적으로 다루기는 쉽지 않기 때문에 간접적인 방식으로 이 문제에 접근해보겠습니다. 공부를 한 사람과 공부를 하지 않은 사람의 차이는 무엇일까요? 이 차이를 안다면 공부를 한 사람은 이러이러한 특성을 가지고 있고 공부를 하지 않은 사람은 이러이러한 특성을 가지고 있는데, 나는 이러이러한 특성을 갖추기 위해서 공부를 한다고 결론 내릴 수 있을 것입니다. 과연 공부를 많이 한 사람과 공부를 적게 한 사람의 결정적인 차이는 무엇일까요? 직업의 차이? 권력의 차이? 지위의 차이? 연봉의 차이? 고등학생들 사이에 회자되는 말처럼 배우자 얼굴의 차이? 또 어떤 차이가 있을까요?

이 질문이 딱딱하다면, 이 주제와 관련된 오래된 농담을 하나 소개하겠습니다. 귀머거리하고 장님이 싸우면 누가 이길까요? 그렇습니다. 장님이 이깁니다. 이유는 눈에 뵈는 게 없기 때문입니다. 사실 '눈에 뵈는 게 없다는 것'은 오늘 강의의 주제와 깊은 관련이 있습니다. 이어서 장님과 소방관이 싸우면 누가 이길까요? 소방관입니다. 이유는 물불 가리지 않고 덤비기 때문입니다. 소방관과 과부가 싸우면 누가 이길까요? 과부입니다. 과부는 이미 버린 몸이기 때문입니다. 과부와 노인이 싸우면 누가 이길까요? 노인이 이깁니다. 인생을 다 산 사람은 세상에 겁낼 것이 없어 사생결단하고 달려들기 때문입니다.

그런데 노인이 이기지 못하는 사람이 있습니다. 누굴까요? 네, 맞습니다. 바로 아이입니다. 아이는 보통의 상식을 가진 사람으로서는 생각할 수도 없는 행동을 할아버지 할머니에게 서슴없이 합니다. 아이들은 할아버지 할머니가 하는 말을 듣지 않고 제멋대로 천방지축 뛰어다닐 뿐만 아니라 심지어 할아버지의 수염을 잡아당기고 뺨을 꼬집기도 합니다. 할아버지 할머니가 3-4살 된 아이를 감당할 수가 없습니다.

그렇다면 아이가 그런 식으로 행동하지 못하도록 만드는 사람은 누구입니까? 네, 선생님입니다. 아이가 자라 학교에 가서 선생님을 만나면 버릇없이 굴던 행동들이 사라집니다. 무엇이 아이를 그렇게 변하게 만들까요? 아이와 선생님 사이에 '교육'이 있습니다. 그걸 '공부'라고 할 수 있겠지요. 천방지축 날뛰면서 예절도 모르던 아이가 교육을 받으면서 서서히 사람다운 사람,

인간다운 인간으로 변화하게 됩니다.

　우리는 언제부턴가 수단과 목적을 가리지 않고 잘 먹고 잘 살기 위한 경쟁에서 이기는 것이 공부의 목표라고 생각하는 것 같습니다.

　한 아이가 인간다운 인간으로 성장하는 데에 교육이 중요하다는 것을 잘 보여주는 예가 늑대 소녀 이야기일 것입니다. 늑대 소녀 이야기는 모두 알고 계시지요! 늑대 소녀는 왜 인간이 아니라 늑대 소녀라고 불렸을까요? 사람은 생물학적으로 인간으로 태어났다고 해서 인간이 되는 것이 아닙니다. 늑대 소녀는 인간으로 태어났지만 늑대하고 자라면서 늑대 교육을 받았기 때문에 늑대 인간이 된 것입니다. 인간이 되려면 인간 교육, 즉 우리가 통상적으로 말하는 '교육'을 받아야 합니다. 교육을 전혀 받지 않는 아이는 늑대 소녀와 유사한 상태에 있다고 보아야 할 것입니다.
　그런데 늑대 소녀 이야기가 시사하는 것처럼 교육이라고 다 같은 교육이 아닙니다. 교육에도 여러 가지 급이 있을 수 있습니다. 늑대 교육도 있을 수 있고, 제대로 된 인간 교육도 있을 수 있습니다. 여러분의 경우에도 마찬가지입니다. 늑대 공부가 저쪽 끝에 있고 인간 공부가 이쪽 끝에 있다면 여러분이 하고 있는 공부는 그 사이 어디엔가 위치하고 있을 겁니다. 여러분은 지금 늑대 공부에 가까운 공부를 하고 있습니까, 아니면 제대로 된 인간 공부에 가까운 공부를 하고 있습니까? 여러분은 스스로에게 이러한 질문을 던져야 하고 이 질문에 대하여 여러분 자신의 현재 지점을 확인해야 합니다. 이 지점을 확인하고 인간 공부로 나아가기 위한 노력을 하지 않는다면, 교육을 받긴 받았는데 나중에는 늑대에 가까운 존재가 되어 있을 수도 있습니다.

그럼 교육이 지향하는 진짜 목적은 무엇일까요? 우리나라는 어떤 인간을 기르려고 노력하지요? 우리나라의 교육 이념은 무엇입니까? 네, 그렇습니다. 우리나라의 교육 이념은 '홍익인간'입니다. 이것은 단순히 어떤 학자의 주장이 아니라 우리나라 「교육법」 제1조에 규정되어 있는 사항입니다.

그런데 실상은 어떻습니까? 우리는 언제부턴가 수단과 목적을 가리지 않고 잘 먹고 잘살기 위한 경쟁에서 이기는 것이 공부의 목표라고 생각하는 것 같습니다. 여러분은 왜 기를 써서 더 좋은 대학에 가려고 노력했나요? 좋은 대학이 공부를 더 잘 가르치고 여러분이 진짜 공부를 하기에 적합해서요? 여러분의 진짜 자아를 찾고 내가 누구이며, 어떤 삶을 살아야 하는지를 아는 데 도움이 되어서요? 그게 아니라, 이름 있는 대학을 가야 잘 먹고 잘 살기 위한 경쟁에서 남보다 더 유리한 위치를 차지한다는 굳건한 믿음 때문에 좋은 대학에 가려고 그렇게 열심히 공부한 것 아닌가요?

어떤 분은 '공부의 목적을 현실적인 문제에 두는 것이 무엇이 잘못인가?' 하고 반문할 수 있습니다. 사실 현실적인 문제에 관심을 갖는 것은 거의 기본적인 욕구에 해당하는 것입니다. 문제는 이러한 생각이 교육 실제에 미치는 부정적인 영향입니다. 이 문제를 논의하기 위해서는 교육의 목적을 보는 두 가지 방식, 즉 외재적 목적과 내재적 목적의 구분을 이해할 필요가 있습니다.

교육의 외재적 목적은 교육 활동의 밖에 있는 가치를 교육의 목적으로 정하는 것입니다. 예를 들면 경제 발전, 사회 발전 같은 것이 될 수 있겠지요. 경제 발전이나 사회 발전이 가치 있다는 것은 거의 모든 사람이 인정하고 확신하는 것입니다. 그런데 경제 발전이나 사회 발전이 가치 있다는 것은 교육 활동의 성격에 대한 분석과 검토에 의한 것이 아닙니다. 그것은 교육 활동과는 무관하게 경제 발전과 사회 발전이 우리의 삶을 풍요롭게 해줄 것이라는 생각에 근거한 것입니다. 사실 우리는 대체로 교육에 대한 고려 없이도 경제가 발전한다면 잘산다는 생각을 가지고 있습니다.

이러한 판단에 교육적 가치에 대한 어떠한 고려도 반영되어 있지 않다는 점에서 경제 발전, 사회 발전은 교육 활동과는 관계없는 가치이며, 엄밀히 말하면 교육 활동 밖에 있는 가치입니다. 이런 가치를 활동 밖에 있는 가치라는 뜻으로 '외재적 가치'라고 합니다. 따라서 경제 발전이나 사회 발전이 교육의 목적이 된다면 그것은 교육의 외재적 목적이 됩니다. 이때 교육은 경제 발전이나 사회 발전처럼 미리 정해진 가치를 달성하기 위한 수단으로 간주됩니다. 이에 반해서 교육의 내재적 목적은 교육 활동에 들어 있는 가치, 교육 활동이 성립되려면 반드시 행해지는 활동에 비추어서 교육의 목적과 가치를 설명하는 것입니다.

활동 안에 있는 목적이 분명해져야 그 활동을 할 때 무엇을 얻기 위하여 어떻게 해야 하는지가 확실해집니다.

내재적 목적은 직접적으로 설명하기가 어렵기 때문에 쉬운 예로 낚시를 들어 외재적 가치와 내재적 가치를 함께 살펴보겠습니다. 낚시는 왜 할까요? 손맛. 명상. 네, 다 좋은 답입니다. 그럼 여기에 한 가지를 더하여 다가오는 단체장 선거에서 표를 얻기 위한 목적으로 단체장 선거 입후보자가 낚시를 한다고 생각해봅시다. 선거에서 표를 얻기 위한 목적에 맞게 낚시를 한다면 어떻게 해야 할까요? 그 사람은 낚싯대 두 개에 기호 몇 번 OOO 후보라는 식의 홍보 문구를 넣은 플래카드를 걸어놓고 돌아다니면서 사람들과 악수를 해야 할 것입니다.

단체장 선거에서 표를 얻기 위한 목적으로 낚시를 하는 사람이 그 목적에 충실하게 낚시를 하면 할수록 낚시는 어떻게 될까요? 한마디로 개판이 되겠지요. 말이 낚시이지 그것은 낚시가 아닌 이상한 일이 될 것입니다. 여기서 짐작할 수 있듯이 낚시라는 활동의 본질적 성격과 단체장 선거에서 표를 얻는 일은 아무 관계가 없습니다. 그 후보자의 관심은 원래 고기를 낚는 데에 있지 않고 유권자의 표를 낚는 데에 있습니다. 그러므로 그 후보자는 단체장 선거에서 표를 줄 만한 사람이 더 많이 모이는 곳이 있다면 당장 낚싯대를 집어던지고 거기로 달려갈 것입니다. 낚시는 명목상의 목적일 뿐입니다. 실제 목적은 표를 얻는 데에 있는 것입니다. 이렇게 원래 활동의 성격과는 아무런 관련이 없는 목적을 외재적 목적이라고 합니다.

  그렇다면 손맛은 어떨까요? 손맛이라는 것은 물고기가 미끼가 달린 낚싯바늘을 물고 낚시에서 벗어나려고 몸부림을 칠 때, 낚싯대의 팽팽한 줄을 통해 손끝에 전달되는 짜릿한 느낌을 말합니다. 낚시를 제대로 하려면 여러 가지를 배워야 합니다. 어떤 고기를 낚으려면 어떤 미끼를 써야 하는지, 미끼는 어떻게 끼우는지, 어떤 낚싯대를 써야 하는지, 어떤 날 어떤 장소에는 어떤 고기가 잘 무는지, 낚싯대는 어떻게 드리우는지 등등 낚시라는 활동을 구성하는 여러 가지 것을 배워야 합니다. 중요한 것은 이 모든 것이 결국 낚시에서 보다 좋은 손맛을 보기 위한 것이라는 점입니다. 즉 낚시라는 활동의 핵심적인 내용이 손맛입니다. 낚시를 구성하는 모든 것이 손맛을 위한 것입니다. 낚싯대나 미끼의 진화나 장소에 대한 연구도 모두 손맛을 위한 것입니다. 낚시의 손맛은 낚시를 통하지 않고서는 맛볼 수 없습니다. 한마디로 낚시를 하는 목적은 손맛에 있습니다. 그런 점에서 낚시는 손맛과 동일한 것이기도 합니다. 손맛 없는 낚시는 앙꼬 없는 찐빵입니다.

  그런데 어떤 사람이 손맛은 낚시에서만 있는 것이 아니라고 주장할 수도 있습니다. 즉 탁구채로 스매싱을 할 때, 라켓으로 테니스공을 내려칠 때, 태권도에서 격파할 때, 심지어 변심한 애인의 따귀를 때릴 때의 손맛도 있다는 것입니다. 그런데 이 각각의 손맛은 서로 성격이 전혀 다릅니다. 낚시할 때의 손맛은 낚시를 하지 않고는 맛볼 수가 없습니다. 낚시라는 활동은 낚시라는 손맛에 초점이 맞추어져 있고, 낚시의 손맛은 낚시라는 활동을 통해서만 맛볼 수 있는 것입니다. 따라서 '낚시' 하면 바로 '손맛'입니다. 이것이 바로 낚시라는 활동 안에 있는 목적, 즉 낚시의 내재적 목적인 것입니다. 이렇게 활동 안에 있는 목적이 분명해져야 그 활동을 할 때 무엇을 얻기 위하여 어떻게 해야 하는지가 확실해집니다.

이제 외재적 목적과 내재적 목적이 무엇인지, 그리고 그러한 목적의 차이가 실제 활동에 얼마나 큰 영향을 미칠 수 있는지를 여러분도 어느 정도 이해하셨을 것 같습니다. 이 구분에 비추어 보면 앞서 여러분께 드렸던 '어떤 목적을 가지고 공부하고 있습니까?' 하는 질문은 '여러분은 외재적 목적을 가지고 공부하고 있습니까, 아니면 내재적 목적을 가지고 공부하고 있습니까?' 하는 질문이 될 것입니다.

과연 여러분은 공부할 때 어떤 목적을 가지고 있습니까? 이 질문에 대하여 명확한 대답을 하려면 교육의 내재적 가치와 목적이 무엇인지 좀 더 자세히 살펴보아야 합니다. 교육의 내재적 목적에 대한 생각이 분명해져야, 여러분 자신이 어떤 목적을 가지고 공부해왔는지를 정확히 판단할 수 있을 테니까요.

우리는 흔히 눈으로 본다고 생각하지만 눈만 가지고는 사물을 볼 수 없습니다. 개념과 생각들이 차곡차곡 쌓여 만들어진 또 하나의 눈, 안목이 있어야 세상을 볼 수 있습니다.

교육의 내재적 목적이 무엇인지를 탐구하기 위해서 이런 질문을 함께 생각해봅시다. 여러분은 사물을 볼 때 눈을 몇 개 사용하시나요? 2개? 안경 낀 사람은 4개? 그럼 색안경을 낀 사람은 몇 개의 눈으로 보는 건가요? 사람들은 전부 다 색안경을 가지고 있지 않나요? 색안경도 한 개가 아니라 여러 개를 가지고 있지 않나요? 그렇다면 몇 개가 될까요?

이렇게 한번 생각해봅시다. 학교 앞에 횡단보도가 있습니다. 제가 강의 시간에 맞추어 와야 하는데 버스에서 내리고 보니 시간이 얼마 안 남았습니다. 그래서 급히 횡단보도를 건너가다가 어떤 사람과 부딪쳤습니다. 그 사람이 이 앞에 앉아 있는 학생이라고 가정합시다. 이 학생이 저와 부딪치는 바람에 책가방을 떨어뜨렸는데, 저를 보니 키도 작고 만만해 보입니다. 그럼 저를 부르겠지요. 그리고 "아저씨! 아무리 바빠도 미안하다는 말은 해야 될 것 아닙니까?"라고 하지 않겠습니까?

강의를 마치고 다음 약속이 있어서 다시 그 횡단보도를 급히 건너다가 제가 이 학생과 또 부딪쳤다고 생각해봅시다. 그런데 강의 전에 부딪쳤을 때와 사정은 똑같은데 이번에는 이 학생의 태도가 완전히 달라집니다. 이 학생이 먼저 "아이고 죄송합니다, 교수님!" 하고 굽신거리며 어쩔 줄 몰라 할 것입니다.

두 경우 모두 사태는 비슷한데 무엇이 달라진 것일까요? 그 사이에 이 학생의 눈이 삐기라도 한 걸까요? 어째서 제가 아까는 '아저씨'였는데, 이번에는 '교수님'이 되었을까요? 제가 옷을 갈아입은 것도 아니고, 분장을 한 것도 아니며, 얼굴 모습이나 행동 어느 하나 달라진 것이 없습니다. 무엇이 달라졌을까요? 네, 달라진 것은 그 학생이 제가 교수님이라는 것을 알았다는 것입니다. 학생의 머릿속에 저에 대한 개념이 아저씨에서 교수님으로 바뀐 것입니다.

개념이 바뀐다는 것은 엄청난 변화입니다. 이것은 '마술' 그 이상입니다. 마술은 볼 때에만 그렇게 보일 뿐이며, 보면서도 사실이 아닐 것이라고 의심합니다. 그런데 이 경우 제가 아저씨가 아니라 교수님이라는 사실에 대해서 그 학생은 추호의 의심도 하지 않을 뿐만 아니라, 그 생각은 영원히 변하지 않을 가능성이 있습니다. 특별한 일이 없는 한 10년 후에도 저 학생은 저를 '박철홍 교수님'이라고 부를 것입니다.

이런 점에서 무엇을 배운다는 것은 머릿속에 새로운 개념이 생기는 것이며, 개념이 생긴다는 것은 배우기 이전에는 없던 새로운 보는 능력이 생겨나는 것입니다. 한마디로 말하면 그것은 또 하나의 보는 '눈'이 생기는 것과 같습니다. 우리는 흔히 눈으로 본다고 생각하지만 눈만 가지고는 사물을 볼 수 없습니다. 생물학적인 눈과 동시에 마음 안에 있는 눈, 개념과 생각들이 차곡차곡 쌓여 만들어진 또 하나의 눈이 있어야 세상을 볼 수 있습니다. 이 눈을 마음 안in에 있는 눈sight이라고 해서 영어로는 'insight'라고 하고, 우리말로는 '안목眼目'이라고 합니다.

개념을 갖게 되면서 안목이 생긴다는 점에서 유추할 수 있듯이, 공부를 제대로 한다면 더 많은 개념을, 그리고 더욱더 분명한 개념을 갖게 될 것입니다. 데카르트는 개념을 잘 배운 상태를 명석판명하다clear and distinct고 했습니다. 그러니까 명석판명한 개념은 세상을 분명히 그리고 또렷이 보게 해줍니다. 소크라테스는 '육체의 눈이 어두워지면 영혼의 눈이 밝아진다'는 말을 한 적이 있습니다. 나이가 들면 생물학적 시력은 감퇴하지만 영혼의 눈, 즉 개념의 눈인 안목은 점점 더 밝아질 수 있습니다. 사실 공부를 많이 한다면 명석판명한 개념들을 많이 가질 수 있고, 그럴수록 이 세상을 똑바로 보게 될 것입니다. 결국 요약하면 공부를 많이 한 사람은 '영혼의 눈'이 맑고 밝은 사람이 되는 것입니다.

모두가 각자 삶에 대한 안목을 가지고 있지만 안목이라고 다 같은 것이 아닙니다.

우리가 공부를 하면 안목이 생깁니다. 아까 그 학생은 저를 보는 안목이 달라진 것이지 눈이 뻔 게 아닙니다. 그런데 우리는 안목이 높다, 낮다는 말을 합니다. 또한 안목이 좋다, 나쁘다는 말도 씁니다. 모두가 각자 삶에 대한 안목을 가지고 있지만 안목이라고 다 같은 것이 아닙니다. 안목에도 제대로 된 좋은 안목과 제대로 되지 않은 나쁜 안목이 있습니다. 다시 말하면 안목이라고 다 좋은 안목은 아니라는 것입니다.

이런 문제에 대해 생각해보기 위한 좋은 예가 맹점일 것입니다. 원래 맹점은 인간 눈이 가지고 있는 생물학적 특징 때문에 생기는 현상을 말합니다. 이로부터 맹점은 분명히 잘못된 것임에도 전혀 잘못된 것이라고 생각하지 못하는 것을 뜻합니다. 그러므로 맹점이 많은 안목이 있다면 그 안목은 별로 좋지 않은 안목이라고 볼 수 있습니다. 우리가 흔히 가지고 있는 맹점에 대하여 오늘의 주제와 관련된 예를 하나 들어보겠습니다.

우리나라의 고전문학 중에서 효孝에 관해 가장 잘 그린 작품은 무엇일까요? 네, 많은 분이 대답하신 것처럼 심청전이죠. 너무나 당연한 질문이지만, 그럼 그 작품에 나온 우리나라의 대표적인 효녀의 이름은 무엇인가요? 아마 대답하지 않은 분들도 대답한 분들과 마찬가지로 '심청'이라고 생각하고 계실 것입니다. 이상한 질문이지만 다시 묻겠습니다. 심청이 정말 효녀인가요?

여러분은 아직 부모가 되지 않았기 때문에 '부모로서의 안목'이 없습니다. 그래서 심청이 효녀라는 것을 의심하지 못할 것입니다. 그렇다면 여러분이 자녀를 둔 부모라고 상상해보세요. 만약 부모인 여러분이 눈이 멀었는데 여러분의 눈을 뜨게 하기 위해서 여러분의 딸이 심청처럼 인당수에 빠져 죽는다면 여러분의 심정은 어떨 것 같습니까? 만일 학교에서 도덕 교사가 그러한 도덕교육을 하였고 아이가 실제로 그런 일을 했다면, 여러분은 그 교사를 훌륭한 교사라고 칭송할 수 있을까요?

저는 심청이 효녀라고 생각하지 않습니다. 만일 제 딸이 눈먼

저를 위해서 그런 식으로 죽는다면 저는 자결하거나 알코올중독자가 되고 말 것입니다. 심청전은 심봉사가 몇 년 후 딸을 만나 눈을 뜨며 해피엔딩으로 끝나지만 현실에서라면 저의 예상처럼 될 가능성이 높을 것입니다. 심청의 마음이 곱다고는 할 수 있겠지만 심청의 행동은 결과적으로 아버지의 가슴에 못을 박는 것입니다.

오랫동안 우리는 모두가 심청이 효녀라는 거의 맹목적인 믿음을 가져왔습니다. 제가 보기에는 이것도 우리나라 사람들이 무의식적으로 받아들이고 있는 맹점 중 하나라고 생각합니다. 제가 5년 전쯤에 고등학교 도덕 교과서를 만들기 위한 예비 모임에서 이런 이야기를 한 적이 있습니다. "심청전식 도덕교육 말고 심학규식 도덕교육을 위한 교과서를 써봅시다." 그랬더니 "심청전식 도덕교육은 무엇이며, 심학규식 도덕교육은 무엇이냐?" 하는 질문이 돌아왔습니다.

자, 이 문제에 대해 잠시 생각해봅시다. 아버지(교사)가 자녀(학생)와 이런 문답을 한다고 생각해봅시다.

아버지: 우리나라의 대표적인 효녀가 누구지?
아이: 심청입니다.
아버지: 심청이 왜 효녀지?
아이: 아버지를 위해서 목숨을 바쳤습니다.

이런 문답을 10번쯤 하고 나면 아이는 어떤 기분이 들까요? 아마 어른들로부터 이런 협박이 들리는 듯할 것입니다. "잘 알았지! 너도 심청처럼 목숨을 바쳐서 아버지에게 효도해야 해!" 한마디로 심청전식 도덕교육은 아이에게 심청처럼 아버지를 위해서 인당수에 빠져 죽을 수 있어야 한다고 강요하는 협박식 도덕교육입니다.

이렇게 해서는 효를 기르는 도덕교육이 성공할 수 없습니다. 제가 보기에 효를 기르는 도덕교육이 제대로 되려면, 이와는 반대로 부모가 아이를 얼마나 사랑하는지를 아이에게 알게 해주어야 합니다. 이것은 사실 제가 아이를 낳고 나서 갖게 된 마음입니다. 아이가 어느 정도 자라 초등학생이 되었을 때 저는 제 아이에게 이런 이야기를 했습니다. "네가 만일 눈이 멀게 되면, 너의 눈을 뜨게 하는 데에 내가 가지고 있는 돈 전부가 필요하다면 내가 가지고 있는 돈 전부를 바쳐서 너를 고쳐줄게. 그 돈이 모자라다면 내가 꿀 수 있는 돈을 모두 꿔서라도 고쳐줄게. 그것도 모자라서 내 목숨을 바쳐야 한다면 내 목숨을 바쳐서라도 해결해줄게. 아버지는 너를 위해서 어떠한 희생도 할 각오가 되어 있어." 아마 이것이 모든 부모의 공통된 심정일 겁니다.

대부분의 부모는 자신의 아이가 심청전식 도덕교육을 받아 심청처럼 아버지를 위해 몸을 팔거나 죽음의 길을 택하는 아이가 되는 것에 반대할 것입니다. 그렇다면 대안은 앞서 말씀드린 것처럼 심학규식 도덕교육을 하는 것입니다. 여러분은 심학규전을 읽어본 적이 있나요? 당연히 읽어본 적이 없겠지요! 심학규전은 아직까지 제 머릿속에만 있는 이야기니까요. 심학규전은 '부모는 자녀를 위해서 언제든지 목숨을 바칠 수 있고 그런 자세로 살고 있다'는 점과 '눈보다 안목이 중요하다'는 점을 보여주기 위해서 심청전을 패러디한 우화입니다. 제가 구상한 심학규전의 줄거리는 대강 이렇습니다.

안목의 가치를 제대로 알고 있는 사람이라면 누구나 육체적인 눈을 뜨게 하는 데 전 재산을 바치겠다는 생각 이상으로 마음의 눈을 뜨게 하기 위해서도 전 재산을 바치겠다는 생각을 갖게 될 것입니다.

심학규전에서는 심학규가 아니라 심청이 선천적인 맹인으로 태어납니다. 가난한 심학규는 절에 보낼 공양미와 심청이 성인이 될 때까지 필요한 양육비와 교육비를 마련하기 위해 홀아비를 구하는 중국 상인에게 자신을 높은 가격에 팝니다. 그는 절에 보내고 난 나머지 돈 전부를 심청의 양육비와 교육비, 그리고 심청을 돌봐주는 데 대한 수고비로 뺑덕어멈에게 주고 나서 인당수에 빠져 용궁으로 가게 되고, 그곳에서 과부가 된 여자 용왕과 결혼합니다. 심청전에서처럼 심학규는 용궁 잔치에서 심청을 만나고 심청은 눈을 뜨게 됩니다. 그런데 며칠 지나지 않아 심학규는 심청이 눈은 떴지만 '눈에 뵈는 것이 없는' 버릇없고 안목 없는 처녀가 되었다는 것을 알게 됩니다. 사연인즉 심학규가 떠난 직후 뺑덕어멈이 심청을 버리고 돈만 챙겨 도주한 것입니다. 심학규는 육체적인 눈은 떴지만 마음의 눈이 없어 눈에 뵈는 게 없게 된 심청을 보면서 진정한 의미에서 눈을 뜬다는 것은 육체적인 눈과 함께 '안목'을 갖추는 것임을 깨닫게 됩니다. 이러한 점에서 심학규는 심청이 눈을 뜨게 해주겠다던 스님이 약속의 반만을 이행했다고 생각합니다. 그래서 심학규가 스님을 상대로 공양미 반환 청구 소송을 제기하는 것으로 1부가 끝이 납니다. 2부는 심학규와 스님 사이의 재판 과정으로 이루어져 있습니다. 이 재판 과정에서 심학규는 교육학자인 저를 증인으로 채택해서 심청의 눈이 반만 뜨였다고 주장하고, 스님은 유명 안과 병원장을 증인으로 채택해서 심청의 눈이 완전히 뜨였다고 주장하며 공방을 벌입니다. 그러는 가운데 인간 삶에서 안목이 차지하는 중요성과 안목의 가치가 다루어집니다.

제가 여러분에게 간략하게나마 심학규전을 들려드린 것은 안목이 얼마나 중요한가를 쉽게 설명하기 위해서입니다. 이제 여러분도 심학규처럼 보는 데에는 육체적인 눈 이상으로 안목이 중요하다는 것을 어느 정도 공감하고 이해하게 되었을 것입니다. 이런 이해를 바탕으로 안목에 대한 우리의 인식에 대해 잠시 생각해봅시다. 앞에서 저는 제 딸아이가 장님이 된다면 딸아이의 눈을 뜨게 하기 위해 제 전 재산은 물론 제가 꿀 수 있는 돈 전부를, 심지어 필요하다면 제 목숨까지도 기꺼이 바칠 각오가 되어 있다고 말씀드렸습니다.

이와 같이 육체적인 눈을 뜨는 것이 중요하다고 생각하는 것은 보는 것이 중요하기 때문입니다. 그런데 세상을 제대로 보려면 안목이 있어야 합니다. 여러분의 부모님은 여러분에게 공부하라고 하실 때에 과연 안목이 육체적인 눈만큼이나 보는 데에 중요하다고 생각해서 그러신 것일까요? 여러분의 부모님이 여러분을 대학에 보내기 위해서 과외비며 학원비로 많은 돈을 쓰신 이유가 여러분의 안목을 높이기 위해서였을까요? 우리는 육체적인 눈을 뜨기 위해서는 목숨까지 바치겠다고 하는데, 과연 마음의 눈을 뜨기 위해서는 어떤 노력을 하고 있습니까?

만약 여러분이 앞을 보지 못한다면 여러분의 부모님은 여러분의 육체적인 눈을 뜨게 하는 데 전 재산을 기꺼이 바치시겠지만, 여러분이 안목을 기르는 데 부모님의 전 재산을 쓰겠다고 한다면 여러분의 부모님께서 어떻게 반응하실지 궁금합니다. 내면의 눈인 안목이 있다는 것을 진실로 아는 분이 얼마나 있는지, 또한 안목이 있다는 것을 알고 있다 하더라도 안목이 인간의 삶에서 얼마나 중요하고 가치 있는지를 깊이 깨닫고 있는 분이 얼마나 있는지 궁금합니다. 안목의 가치를 제대로 알고 있는 사람이라면 누구나 육체적인 눈을 뜨게 하는 데 전 재산을 바치겠다는 생각 이상으로 마음의 눈을 뜨게 하기 위해서도 전 재산을 바치겠다는 생각을 갖게 될 것입니다. 이런 마음을 가지려면 무엇보다도 안목이 인간의 삶에서 차지하는 중요성과 가치를 알아야 할 것입니다.

안목을 기르는 것인 교육은 결국 인간다운 인간을 기르는 인간 활동입니다. 인간에게 인간다운 인간이 되는 것 이상으로 중요한 것이 무엇이 있겠습니까?

바둑을 예로 들어 안목이 인간의 삶에서 차지하는 의미에 대해 생각해봅시다. 바둑에는 굉장히 많은 급수가 있습니다. 바둑은 아마 25급부터 1급까지, 그 위에 아마 1단부터 아마 7단까지, 그리고 프로 1단부터 프로 9단까지 있습니다. 바둑은 묘한 특성이 있습니다. 예를 들어 제가 이종격투기 선수 최홍만하고 싸운다면 어떻게 될까요? 최홍만이 한 대 치면 전 나가떨어질 것입니다. 저 같은 사람 100명이 최홍만한테 덤비면 어떻게 될까요? 질 수도 있습니다. 1,000명이 덤비면 어떻게 될까요? 그럼 저희가 이기겠지요? 그런데 바둑은 세 급수만 차이가 나면 수천만 명이 덤벼도 세 급수 높은 사람을 이길 수 없습니다.

저도 바둑을 꽤 잘 둡니다만, 저 같은 사람 수억 명이 머리를 맞대고 생각해도 조훈현 9단과 같은 고수와 붙으면 추풍낙엽이 되고 맙니다. 도대체 상대가 되지 않습니다. 권투로 치자면 1분도 안 되어 KO패 당하는 것과 같습니다. 공부의 경우도 바둑의 경우와 비슷합니다. 한문을 지금 막 배운 초보자들 수억 명이 모여서 아무리 머리를 짜내어 해석한들, 저명한 한문학자가 『논어』나 『맹자』를 해석하는 것을 따라갈 수 있겠습니까? 그 차이가 바로 안목의 차이에 해당합니다.

이 안목의 차이는 바로 세상을 보는 차이로 이어집니다. 우리는 세상 사물이나 삶을 볼 때 모두가 똑같이 본다고 생각합니다. 그런데 육체적인 눈에 '보이는 것'은 같을 수 있지만, 안목으로 '보는 것'은 결코 같지 않습니다. 바둑으로 말하자면 바둑 한 알 한 알을 놓으면서 조훈현 9단과 같은 고수가 의미를 파악하는 것과 제가 파악하는 것에는 천양지차가 있습니다. 아마 1단 정도 되는 바둑에 대한 안목을 가지고 있는 저는 참새라면 조훈현 9단은 봉황입니다. 어찌 참새가 봉황의 마음을 알 수 있겠습니까? 조훈현 9단과 저는 바둑판을 볼 때에 '보이는 것'은 같지만 '보는 것'은 엄청나게 다릅니다. 같은 논리에서 사람들도 안목에 따라 보는 세상이 다릅니다. 그런 점에서 물질적인 면에서는 모두가 같은 세상에 살고 있지만 안목의 면에서는 전혀 '다른' 세상에 살고 있습니다.

안목의 차이는 삶의 질의 차이로 이어집니다. 안목은 단순히 보는 데에만 사용되는 것이 아니라 구체적인 삶의 행위, 즉 삶의 질을 결정합니다. 바둑으로 치자면 바둑에 대한 안목이 바둑 두는 실제 행위의 차이로 나타납니다. 마찬가지로 안목의 차이는 세상을 보는 차이를 넘어서서 실제 삶의 차이를 만들어냅니다. 앞서 말씀드린 횡단보도에서 만난 학생의 예에서 알 수 있듯이 안목의 차이는 곧바로 행동(삶)의 차이로 이어집니다. 버릇없는 아이도 공부를 하고 안목이 달라지면 사람들을 대하는 행동이 달라집니다.

이처럼 앎과 삶은 긴밀한 관련이 있습니다. 그렇다면 인간의 삶의 질은 돈이나 권력 이상으로 안목에 의해 결정된다고 할 수 있습니다. 우리의 안목에도 일종의 급수 같은 것이 있다고 보아야 할 것입니다. 그리고 안목에 급수가 있다면 우리는 안목의 급수에 해당하는 정도의 인간다운 삶을 산다고 할 수 있습니다. 공자나 맹자 정도의 안목을 갖고 있으면 성인군자의 삶을 살 수 있지만, 늑대 소녀 정도의 안목을 가지고 있다면 늑대의 삶을 살 수밖에 없습니다.

이 시점에서 여러분은 약간의 긴장감을 가지고 자문해야 할 것입니다. '나의 안목은 바둑으로 치면 도대체 몇 급인가?' 바둑의 경우 보통 3급 정도는 되어야 어느 정도 바둑다운 바둑을 둘 수 있다고 합니다. 가끔 친척들이 모이는 날 7-8급이나 5-6급 되는 저의 친척들이 바둑을 두는 것을 보면, 예의상 바둑으로 인정해주기는 하지만 그것은 도대체 '바둑'이 아닙니다. 어쩌면 제가 두는 바둑을 조훈현 9단이 본다면 제대로 된 바둑으로 보이지 않을 것입니다. 사실 프로 9단은 신의 경지에 이르렀다는 뜻으로 '입신入神'이라고 칭하는 데 반하여, 프로 1단은 겨우 제 앞가림을 할 줄 안다는 뜻으로 '수졸守拙'이라고 부릅니다. 과연 여러분은 자신의 안목이 몇 급 정도 된다고 생각하십니까?

바둑의 급수가 바둑다운 바둑 두기를 구분하는 척도가 된다면, 안목은 인간다운 인간과 덜 인간다운 인간을 구분하는 척도가 될 수 있습니다. 앞에서 이야기했듯이 늑대 소녀는 안목이 늑대 수준에 머물러 있는 사람입니다. 공자나 맹자 같은 성인군자는 높은 수준의 인간다운 인간이 된 사람들입니다. 안목이 낮으면 짐승 같은 인간이며 안목이 높을수록 인간다운 인간이 됩니다. 그렇다면 안목을 기르는 것인 교육은 결국 인간다운 인간을 기르는 인간 활동입니다. 인간에게 인간다운 인간이 되는 것 이상으로 중요한 것이 무엇이 있겠습니까?

그럼에도 불구하고 여러분 중의 몇몇은 여전히 '안목의 수준이 좀 떨어지는 것이 뭐가 대수냐?', 심지어 '안목이 밥 먹여주냐?'고 반문할지도 모릅니다. 이런 생각이 마음속에서 스멀스멀 올라오는 분이 계십니까? 그러면 여러분 자신의 안목이 위험한 수준에 있다고 생각하십시오. 지금까지의 설명에도 불구하고 여전히 안목보다는 돈과 권력이 더 중요하다고 생각하는 분들이 있다면 마지막으로 다음의 문제를 함께 생각해봅시다.

여러분이 대학에 있는 동안 인문학적 교양을 기르고 높은 안목을 갖춘다면 약육강식의 정글에서 벗어나서 인간적인 삶을 영위하게 될 것입니다.

사람에게는 누구나 삶의 매 단계마다의 안목이 있습니다. 여러분 모두 5살 때는 5살 때의 안목이 있었을 것이고, 초등학생, 중학생, 고등학생 그리고 지금까지 각각의 시기에 해당하는 안목이 있었을 것입니다. 사람들은 각각의 시기에 자신의 안목이 최선의 것이라고 생각하는 경향이 있습니다. 예를 들어 여러분은 고등학교 때 부모님의 생각보다 자신의 생각이 옳다고 생각했을 것입니다. 그런데 대학생이 되고 나면 고등학교 때의 생각이 얼마나 유치하고 어리석은지를 깨닫게 됩니다. 그리고 여러분은 지금은 현재 자신의 생각과 안목이 최고라고 생각하고 있을 가능성이 높습니다. 저의 경우도 마찬가지였으니까요.

여기서 질문을 하겠습니다. 5살 난 아이와 여러분에게 다음과 같은 질문을 던진다고 가정합시다. '5살짜리 안목의 수준에서 평생을 산다는 조건으로 10조 원의 경제력과 장관 수준의 권력을 준다면 어떻게 하겠습니까?' 5살짜리 아이는 '좋다!'고 할 것입니다. 여러분은 '그것은 곤란하다!'고 대답하겠지요. 짐작컨대 여러분 모두가 경제적으로 아무리 풍족하고 높은 권력을 갖는다 하더라도 5살짜리 안목을 가지고 살기보다는 지금의 안목을 가지고 살기를 원할 것입니다.

이 대답이 시사하는 바는, 삶에서 안목은 돈과 권력보다 훨씬 더 중요하며 삶에 근본적인 것이라는 점입니다. 안목이 높아지면 돈이나 권력을 보는 시각 자체가 달라집니다. 공부를 많이 하고 삶에 대한 안목이 높아지면 높아질수록 돈과 권력에 대한 상대적 가치가 떨어지고 안목 자체의 가치를 더욱더 높게 평가하게 됩니다. 그리고 안목 자체의 가치가 높다고 생각하는 사람은 돈이나 권력을 추구하기보다는 안목을 향상하는 일에 더욱더 몰두하게 됩니다. 제가 보기에 삶이 이러한 방향으로 향한 사람은 삶의 질이 향상되고 행복할 가능성이 높습니다. 요약하면 안목이 인간됨과 인간의 행복과 불행을 좌우하는 결정적인 요소라는 것입니다.

여러분은 교육의 목적을 외재적인 것에 두고 있습니까, 내재적인 것에 두고 있습니까? 아직 여러분의 안목의 수준이 교육을 내재적인 것으로 보기에는 덜 성숙되어 있을 가능성이 높습니다. 일반화의 위험이 있기는 하지만 안타깝게도 대부분의 대학생의 교육에 대한 안목의 수준은 교육을 잘 먹고 잘살기 위한 수단으로만 생각하는 단계에 머물러 있는 것 같습니다. 그러나 여러분이 계속 열심히 공부해서 안목을 높이게 되면 교육은 안목이라는 내재적 목적을 위한 활동이라는 것, 그리고 진정한 행복을 위해서는 안목을 높이는 것이 필수적이라는 것, 더불어 교육은 인간 행복의 가장 중요한 원천이라는 것을 깨닫게 될 것입니다.

결론적으로 말하면 공부는 안목을 기르기 위한 것입니다. 안목에도 급수가 있습니다. 낮은 안목에 머물러서는 인간다운 인간이 될 수도 없으며 행복한 삶을 살기도 쉽지 않습니다. 문자 그대로 큰 배움터인 대학에서 여러분은 높은 안목을 갖춘 훌륭한 사람이 되기 위하여 최선의 노력을 다해야 할 것입니다. 그런데 이러한 배움을 오직 남과의 경쟁에서 이기고 잘 먹고 잘사는 데만 써먹겠다고 한다면, 여러분의 남은 인생은 경쟁으로 피 튀기는 정글에서 벗어날 수 없을 것입니다. 물론 이런 삶은 여러분이 기른 안목의 결과입니다. 여러분이 대학에 있는 동안 인문학적 교양을 기르고 높은 안목을 갖춘다면 부와 권력이 그렇게 중요한 것으로 보이지 않게 될 것이며, 그런 만큼 약육강식의 정글에서 벗어날 수 있을 것입니다. 그리고 여러분이 정글에서 벗어나는 만큼 여러분은 인간적인 삶을 영위하게 될 것입니다. 오늘 이

자리에 있는 모든 분이 배움의 목적과 목표를 새롭게 설정하고, 인간다운 삶을 향한 힘찬 출발을 하게 되기를 바랍니다.

질문과 대답

교육학과 교수님으로서 자녀 교육을 어떻게 시키셨고 어떤 것에 중점을 두셨는지 궁금합니다.

저는 암기 위주의 교육을 비판하는 정도가 아니라 그것은 교육이 아니라고, 심지어 교육을 방해하는 '반교육'이라고까지 생각하는 사람입니다. 저는 제 아이들이, 그리고 제가 가르치는 학생들도 그런 배움에서 벗어나게 하려고 노력했습니다. 그래서 학교 성적을 올리기 위한 공부는 최소화하게 했습니다. 아이들에게 과외를 시킨 적도 없습니다. 대신 "너 하고 싶은 대로 하고 살아라. 먹고사는 문제는 걱정하지 마라. 우리나라에서 앞으로 못 먹어서 굶어죽는 사람은 없을 것이다." 이렇게 말했던 것 같습니다.

심지어 제 아들이 고등학교에 가려고 할 때 "너 고등학교에 가서 뭐 하려고 하니? 학교에 다니면서 암기만 하고 있으면 돌대가리 된다. 학교에 가지 말고 좀 놀아보자." 이렇게까지 아이를 부추겼습니다. 실제로 제 아들은 고등학교를 가지 않고 놀다가 대입 검정고시를 보게 됩니다. 한마디로 현재 학교에서 이루어지고 있는 암기식 교육은 안목 형성에 별 도움이 안 된다고 생각합니다.

저는 돈을 벌다가 뒤늦게 다시 공부를 하려고 대학에 들어왔습니다. 오늘 말씀해주시는 걸 들어보니 제가 공부를 다시 시작하게 된 계기, 공부를 왜 하는가에 대해서 스스로 정립해온 생각이 선생님 말씀하고 일맥상통했습니다. 공부에 대한 제 나름대로의 생각일 뿐이었고, 아직 겪어보진 못했으니까 제 생각에 대해 조금은 의심을 하고 있었는데, 오늘 선생님 말씀을 듣고 용기가 생겼고, 그런 의미에서 선생님께서 사인해주신 책을 한 권 선물 받고 싶습니다.

저의 말이 학생에게 용기를 주었다니 저도 힘이 납니다. 사실 학생처럼 하기 위해선 굉장한 용기가 필요합니다. 저 학생의 용기에 대해 모두 박수 한번 쳐줍시다. 그 정도의 용기가 있으면 학생은 열심히 공부하면 큰 인물이 될 것입니다. 여러분 모두 자신이 하고 싶은 일을 해야 합니다. 그리고 조금 늦었다고 했는데 결코 늦지 않았습니다. 지금부터 진정한 공부를 시작한다면 나이가 얼마이며 어느 대학을 다니느냐 하는 것은 중요하지 않습니다. 열심히 하셔서 큰 배움을 성취하시기 바랍니다.

저는 오늘 선생님께서 말씀하신 안목이 어떤 일을 생각하는 관점이나 가치의 문제, 추구하는 것, 아니면 생각하는 방식, 문제 해결 방식, 이런 걸로 대체될 수 있다고 생각합니다. 저는 대학이라는 큰 집단에

와서 저와 안목이 비슷하지 않은 사람들을 더 많이 만났는데요, 제가 어떻게든 이 사람들과 소통을 해야 할 때 저는 어떻게 해야 할까요?

제가 대학생, 대학원생들을 가르치면서 느끼는 것은 학생들이 토론할 줄 모른다는 사실입니다. 사실 초등학교부터 고등학교까지, 그리고 대학에서도 학생들이 토론 수업을 경험할 기회가 거의 없습니다. 한국의 정답 암기식 교육 방법이 학생들에게 토론할 기회를 거의 제공해주지 못한 것입니다. 교육 방법으로서 토론의 목적은 토론을 통해서 상대방으로부터 무엇인가를 배우고 함께 협력하여 보다 나은 의견을 찾는 데 있습니다. 그런데 토론을 하라고 하면 학생들은 자신의 주장이 맞다고 우기기에 열을 올리고, 자신이 남보다 더 많이 알고 있다는 것을 자랑하려 하는 경우가 대부분입니다.

이런 생각은 모든 문제에 정답이 있다는 생각과도 연결되어 있는 것 같습니다. 토론하라고 하면 학생들은 정답을 말해야 한다는 생각을 갖는다는 것입니다. 우리는 모두 사고의 한계가 있으며, 자신의 입장에서는 완벽하다 해도 다른 사람이 처한 상황에서는 완벽하지 않을 수 있습니다. 저는 자신의 생각의 한계를 인정하는 것이 바로 토론에 임하는 출발점이라고 생각합니다. 그런 만큼 중요한 것은, 특히 교육학적 관점에서 보면, 자신의 앎을 자랑하는 것이 아니라 상대로부터 배우는 것입니다.

여러분이 비싼 등록금을 내면서 학교에 다니는 이유는 알고 있는 것을 자랑하기 위해서가 아니라 무언가를 배우기 위해서입니다. 그러므로 수업 시간이나 개인적인 만남에서 대화나 토론을 할 때에는 상대로부터 무엇을 배우려는 마음 자세를 갖는 것이 중요합니다. 그러한 마음 자세를 갖고 있으면 주변의 친구들로부터 배울 점이 많다는 것을 알게 됩니다. 그리고 실제로 많은 것을 공짜로, 심지어 칭찬을 들으면서 배우게 될 것입니다. 우리는 나를 가르치려 드는 사람보다는 나에게 배우겠다는 태도를 가진 사람을 훌륭한 인격으로 존경하는 경향이 있습니다. 주변의 친구들로부터 배우려는 자세를 가지고 대화에 임하십시오. 그러면 여러분 자신이 더욱더 성숙한 인간으로 성장하는 것을 느끼게 될 것입니다

몸, 사랑, 그리고 돈에 관하여

○

○ 고미숙

고
미
숙

○

고전평론가. 강원도 정선에서 태어나 가난한 광산촌에서 자랐지만, 공부를 지상 최고의 가치로 여기신 부모님 덕분에 박사 학위까지 무사히 마쳤다. 대학원에서 훌륭한 스승과 선배들을 만나 공부의 기본기를 익혔고, 지난 10여 년간 지식인 공동체 '수유+너머'에서 좋은 벗들을 통해 '삶의 기예'를 배웠다. 2011년 10월부터 '수유+너머'를 떠나 '몸, 삶, 글'이라는 키워드를 가지고 '인문/의역학'을 탐구하는 감이당(http://gamidang.com)의 연구원으로 있다. 주요 저서로 열하일기 삼종 세트, 동의보감 삼종 세트, 달인 삼종 세트를 비롯하여 최근작으로 『낭송의 달인 호모 큐라스』와 『고미숙의 로드 클래식: 길 위에서 길 찾기』 등이 있다.

자기 존재에서 어떻게든 결핍을 찾아내서 '나는 너무 비참한 존재야'라고 생각하는 존재가 호모 미세라빌리스입니다.

봄이 피었다 끝나가는 계절인데, 여러분은 지금이 인생의 봄입니다. 대학에 가면, 특히 봄의 캠퍼스에 가면 모든 것이 너무나 충만합니다. 캠퍼스는 아름답고 웅장하고, 강의실은 예전에는 상상할 수 없었던 규모를 자랑합니다. 그럼 이제 더 필요한 것이 없어 보입니다. 여러분과 저는 지성의 향연을 누리기만 하면 됩니다.

그런데 우리는 대학생이라고 하면 먼저 '취준생'이라는 말을 떠올립니다. 백수 후보자인 거죠. 그리고 제가 듣고 제일 충격을 받은 말은 '혼밥족'이라는 말입니다. '혼자 밥 먹는 족속'이라니, 이렇게 좋은 캠퍼스에서 이렇게 터질 듯한 젊음을 가지고, 이렇게 많은 친구와 스승이 있는 곳에서 어떻게 혼자 밥을 먹을 수가 있나요? 단군 이래 이렇게 시설 좋은 곳에서 공부한 적이 없는

몸, 사랑, 그리고 돈에 관하여

데 여러분은 단군 이래 가장 불쌍한 족속이 됐습니다. 그리고 제가 얼마 전에 '인구론'이라는 말을 들었습니다. '인문학의 90%는 논다'는 뜻이라고 하더군요. 원래 인문학은 놀기 위해 하는 겁니다. 인문학자는 다 자유인이고, 프리랜서가 되기 위해서 인문학을 하는 거예요. 인문학을 해서 노는 게 왜 창피하고 동정해야 하는 일이 되어버렸죠? 여기서 질문이 시작되어야 합니다.

더 필요한 것이 없을 정도로 이렇게 많은 것을 누리고 있는데도 자신을 한없이 부족하다고 여기는 인간을 '호모 미세라빌리스homo miserábĭlis'라고 부릅니다. '미세라빌리스'는 라틴어로, 프랑스어 '미제라블misérable'과 같이 '비참하다'는 뜻입니다. 자기 존재에서 어떻게든 결핍을 찾아내서 '나는 너무 비참한 존재야'라고 생각하는 존재가 호모 미세라빌리스입니다. 제가 앞에서 모든 것이 충만하다고 했죠. 사람은 여기에서 도약을 해야 합니다. 그런데 여러분은 스스로를 불쌍하다고 느끼면서 아직 오지도 않은 시간을 걱정합니다. 취업이 안 되는 것이 왜 불행한지 따져보지도 않고 무작정 너무 불안해하고 공포스러워 합니다. 그래서 이 충만함을 마이너스로 만들어놓고 시작합니다. 이게 문제입니다.

여러분이 '우리가 더 힘들어'라고 하면 그 순간 여러분은 호모 미세라빌리스가 됩니다.

누릴 것은 누려야 합니다. 단군 이래 여러분처럼 때깔 좋은 대학생은 없었어요. 제가 대학 다닐 때 대학생들은 이렇게 피부가 좋지 않았고 여드름이 엄청 많았어요. 지금은 여드름 있는 대학생을 찾아보기가 힘들죠. 청년은 울퉁불퉁해야 하는데 지금 학생들은 영양 상태가 너무 좋아서 뺀질뺀질해요. 당시에 대학생은 가장 빈티가 났고 학교 주변에는 소비할 수 있는 것이 아무것도 없었어요. 그런데 정말 자존심으로 충만했고, 부족한 게 없었어요. 그래서 매일 세상을 뒤집어놓겠다고 했어요. 대학 들어와서 3개월이면 최루탄 앞에서 돌 던지는 운동권이 됐어요. 운동권은 말 그대로 돌 던지는 것을 잘하고 최루탄을 잘 견디는 신체였어요. 대학생들이 아무것도 가지지 않아도 이렇게 할 수 있었다는 거죠.

그때 저 같은 기성세대가 대학생을 만난다는 것은 정말 떨리고 무서운 일이었어요. 무슨 도전을 받을지 몰랐으니까요. 지금은 대학생을 만나러 갈 때, '기운은 차리고 있을까?' '눈은 똑바로 뜨고 있을까?' '어떻게 도발을 해야 질문을 할까?' 이런 생각을 하고 와야 합니다. 여러분은 너무나 많은 것을 가졌는데, '지금 나는 아무것도 없다', '너무 모자라다'고 생각하면서 자신을 저 아래로 떨어뜨려놨어요.

물론 사회문제가 많이 있습니다. 일자리가 안 늘고, 청년 실업자가 10%가 넘고, 고령화가 진행되고, 우리나라 정계는 늘 스캔들이 끊이지 않죠. 그런데 원래 인생이 그런 것입니다. 역사에서 그러지 않았던 시대가 있나요? 여러분만 겪어야 하는 특별한 고통도 없고 여러분만 빼앗겨야 하는 무언가가 있는 것도 아닙니다. 한국 현대사만 봐도 이렇게 편안했던 적이 있나요? 지금 유달리 더 힘들지는 않습니다. 힘들지 않다는 것이 아니라, 유달리 더 힘든 것이 아니라는 거예요. 그래서 여러분이 '우리가 더 힘들어'라고 하면 그 순간 여러분은 호모 미세라빌리스가 됩니다. 여러분이 누릴 수 있는 많은 것을 누리지 않고 결핍에서부터 시작해서, 일자리도 안 늘고 취업도 불안하고 등록금도 너무 비싸다고 덧붙이다 보면 그 결핍에서 헤어 나올 수 없다는 것입니다.

여러분이 지금 아무리 힘들고 상처를 받는다고 해서 일자리가 늘어나지는 않습니다. 그러면 일자리도 보장해주지 않는 학교를 왜 다닙니까? 친구도 필요 없어서 혼자 밥을 먹고 연애할 능력도 없고 욕망도 없고, 취업이 안 되면 아무것도 못하겠다고 아우성칠 거면 대학을 왜 다닙니까? 대학 나온다고 취업되지 않습니다. 이것은 우리나라만의 문제가 아니라 전 세계경제의 문제이고 기술의 문제입니다. 느닷없이 어떤 기술이 개발되어버리면 우리는 갖고 있던 직업도 모두 버려야 합니다. 백 년 동안 수없이 많은 직업이 사라졌고, 지금도 없어지고 있습니다. 3D 프린터가 상용화되면 웬만한 물건은 다 찍어낼 것이고, 무인 자동차가 나오면 택시도 없어질 거예요. 어떤 기술혁명이 일어날지 모릅니다. 이것은 정치적 문제도 아니고 경제학자가 해결할 수 있는 문제도 아닙니다.

인생과 우주에 대해서 모르면 몸은 절대로 평화를 누리지 못합니다.

그러면 왜 그럼에도 불구하고 대학에 다녀야 할까요? 그 비밀은 바로 우리의 몸에 있습니다. 인간에게는 내가 어떤 세계 속에서 살고 있는가를 알고자 하는 욕망이 있습니다. 이것은 인간의 원초적 본능입니다. 이것을 지성이라고 합니다. 대학은 바로 이 지성을 충족시키는 곳입니다. 대학에 와서 지성을 누리지 못하고 충족시킬 수 없다면 대학에 다닐 필요가 없습니다. 그것은 대학에 대한 모독이고 자기 청춘에 대한 모독입니다.

그럼 지성이란 무엇일까요? 지성은 경제적 대가를 주는 것이 아닙니다. 경제적 대가가 바로 온다면 그것은 지성이 아닙니다. 그럼 아무 대가가 없는데 내가 왜 지성을 연마해야 하나요? 그게 바로 우리의 몸이 열렬히 원하는 것이기 때문입니다. 그래서 인류는 이렇게 많은 대학을 만들고 우리나라도 지금까지 이렇게 많은 대학을 유지하고 있는 것입니다. 그래서 여러분이 대학에 와서 친구도 없고 스승도 없고 지성의 기쁨을 누리지도 못하고 취업 준비만 하다가 취업도 안 되는 이런 허접한 청춘을 보낸다는 것은 바로 내 몸이 무엇을 원하는지 모른다는 것입니다. 이 무지가 결핍을 낳고 이 결핍이 끊임없는 불안을 낳는 것입니다.

그래서 인간은 알아야 합니다. 가장 먼저 자신에 대해서 알아야 합니다. 나를 알고자 하는 욕망과 질문이 내 주변의 시간과 공간에 대한 앎으로 이어지고, 자연과 인간과 사회와 역사에 대한 앎으로 이어지고, 역사에 대한 앎은 궁극적으로 자기에게로 다시 돌아와야 합니다. 그래서 전공이 의학이든, 공학이든, 철학이든, 그 무엇이든, 그것은 결국 세계에 대한 탐구여야 하고, 그 탐구는 반드시 자기에 대한 이해로 돌아와야 합니다. 나는 공대를 다니기 때문에 철학을 몰라도 된다거나, 나는 철학과니까 기술이 어떻게 발전하는지 몰라도 된다고 말하는 것은 스스로 바보라고 말하는 것이나 마찬가지입니다. 어떤 전공이든 다 자기에게로 돌아오면 내 삶과 내가 맺고 있는 관계 그리고 내가 살아가야 할 생로병사를 탐구할 수밖에 없습니다. 전기 기술자라도 그렇게 해야 하고 의사라면 더 말할 필요도 없습니다. 경영학은 그야말로 사람에 대한 탐구인데 사람을 모르고 어떻게 경영을 합니까? 인간을 몰라도 되는 직업은 세상에 없습니다.

궁극적으로 지성은 존재와 세계에 대한 탐구입니다. 그리고 존재와 세계에 대한 탐구가 필요한 이유는, 앞에서도 이야기한 것처럼 몸이 가장 기뻐하기 때문입니다. 현대인은 몸에 대한 소외가 극심합니다. 왜 이렇게 많이 배우는데 자존감이 없고 모두가 다 자기를 상처받은 존재라고 생각할까요? 여러분은 취업 때문이라고 말하는데, 그러면 취업을 해서 중상류층에 무사히 진입한 사람들은 다 잘 살고 있어야 하지 않나요? 지방에 있는 학생들은 서울에 대한 콤플렉스가 있다고 치죠. 그런데 서울에는 또 강남 콤플렉스가 있습니다. 그럼 강남으로 가보죠. 강남에는 더 이상 콤플렉스가 없는, 성공한 상류층이 있습니다. 우리나라 강남에 뭐가 제일 많은 줄 아세요? 맛집, 룸살롱, 성형외과, 학원 순으로 많습니다. 그럼 강남에서 어렸을 때 사교육을 받고 명문대를 가서 유학까지 다녀오고 성형외과 의사가 되거나 성형외과의 소송을 맡는 변호사가 됩니다. 이렇게 성공을 해서 어떻게 사나요? 낮에는 맛집에 다니고 밤에는 룸살롱에 갑니다. 그리고 성형을 하겠죠. 이것이 바로 대한민국에서 모두가 지향하고 있는 삶의 정점입니다. 부러우신가요?

그런데 정신 질환을 앓고 있는 사람들이 너무 많습니다. 모두가 결핍되어 있어요. 그들은 많이 가졌는데 더 불안해합니다. 왜 그럴까요? 인생과 우주에 대해서 모르면 몸은 절대로 평화를 누리지 못하기 때문입니다. 안다는 것은 실존적인 것입니다. 내가 맹수를 만났을 때 도망갈까 말까를 결정하는 것만큼이나 리얼한 것입니다. 인생과 우주에 대해 아는 것은 모든 존재의 소명이고 특권입니다. 인생과 우주에 대해서 알지 못하면 아무리 많이 가져도 끝없이 모자라다고 느낍니다. 그래서 호모 미세라빌리스가 되는 것입니다. 계속 불안하고 모두가 상처받는 이 패턴에서는 구원이 없습니다. 여기에서 빠져 있는 것이 바로 내가 내 삶을 추동해가는 현장이자 전략이자 베이스캠프인 몸입니다.

> 나만이 연출할 수 있는 특이성은 이 몸밖에 없습니다. 그런데 내가 누군가를 모방하고 흉내를 내고 있다면 이 특이성을 지우는 것입니다.

그래서 저는 몸에 대한 탐구를 시작했습니다. 여러분은 아마 여러분의 몸을 굉장히 함부로 할 거예요. 자기의 몸이라고 하면 병원의 수치와 외모를 떠올리시죠? 강남 아니라고 해도 대한민국에는 성형 중독자가 넘쳐나고, 사람들은 대부분 병원에만 맡겨놓고 자기 몸을 돌보지 않습니다. 자기 몸을 소외시키면 안 됩니다. 이 몸 안에 빅뱅 이후 우주의 모든 역사와 흔적이 있고 진화 이후에 일어난 생명의 모든 파장이 있습니다. 이것이 동양의 신체관입니다. 몸이 내 운명을 만들고, 내가 만나는 사람들과의 관계를 만들고, 궁극적으로 내가 어떤 직업을 갖고 어떤 일을 하면서 어떻게 죽을 것인가를 결정짓습니다.

그런데 우리는 몸을 방치해놓고 외모만 갈고 닦죠. 쌍꺼풀 수술은 너무 쉽게 생각하고, 요즘은 종아리를 날씬하게 만든다고 근육을 마비시킨다고 하죠? 그런데 그렇게 해서 강남 미인이 되면 그게 내가 사는 건가요? 내가 걸 그룹 멤버의 몸에 빙의된 건 아닌가요? 이게 내가 맞나요? 영혼이 나인가요? 몸은 곧 영혼입니다. 몸하고 영혼이 따로 있지 않아요. 내가 내 몸을 이렇게 결핍투성이로 만들었는데 누가 나를 존중해줍니까? '나는 형편없어. 걸 그룹을 닮아야 해'라고 하면서 이미 내가 나를 너무너무 무시했는데, 그러면 누가 나를 인정해주나요? 옆에서는 다들 예쁘다고 하겠지요. 하지만 그건 빈말이에요. 정작 본인은 여기저기 성형해서 누구와 닮은 사람을 좋아하나요? 그런 사람을 진정으로 신뢰할 수 있겠어요? 그래서 결국 아무하고도 연결이 안 되는 것입니다. 사람과 사람의 연결은 몸 안의 당기는 힘, 물리적 파장으로 하는 것입니다. 그런 물리적 파장이 없으니까 혼자 밥을 먹는 거예요.

그런데 왜 청춘의 전당인 대학이 이런 부정적인 문화를 낳는 곳이 되었을까요? 여러분은 여기에 저항해야 합니다. 대학생들은 이런 것들을 너무 당연하게 받아들이고 왜 일자리를 주지 않느냐는 불평만 하고 있는데, 그 불평을 받아줄 수 있는 기성세대가 없습니다. 지금 기성세대는 자기 앞가림하기도 힘듭니다. 기성세대에게 뭘 기대하시나요? 여러분은 지금 당장 '호모 미세라빌리스'라는 이 마이너스 전략을 그만둬야 합니다. 그럼 이제 뭘 할 것이냐? 여러분은 가지고 있는 게 너무 많습니다. 여러분이 가지고 있는 것에서부터 시작해야 합니다.

대학이란 곧 지성의 향연인데, 여러분이 지성의 향연을 누리지 못하고 있다면 여러분의 몸이 말을 안 듣고 있는 것입니다. 따라서 몸에 대한 탐구를 하고 몸을 배려해야 합니다. 모든 생명체가 우주의 모든 역사를 가지고 있는 것은 동일하지만, 나만이 연출할 수 있는 특이성은 이 몸밖에 없습니다. 그런데 내가 누군가를 모방하고 흉내를 내고 있다면 이 특이성을 지우는 것입니다. 그러면 이 몸에서는 나만의 새로운 가치가 생성되지 않고, 결국 나는 나에 대해서 스스로 늘 부정적이고 수동적일 수밖에 없습니다. 남이 나에게 상처를 주는 것이 아니라 내가 이미 상처받을 준비를 하고 있는 것입니다. 이제 내가 내 몸을 생명과 우주의 터전으로 쓸 것인지, 결핍투성이의, 무능력의 현장으로 쓸 것인지 결정해야 할 때가 왔습니다.

여러분은 지금 젊고 에로스가 왕성하게 분비됩니다. 이것을 어떻게 쓸 것인가가 청춘의 가장 중요한 문제입니다.

수많은 몸의 비밀 중에서 여러분에게 한 가지 비밀을 알려드리겠습니다. 동양의학에는 몸의 '수승화강水昇火降'이라는 것이 있습니다. '화火'는 심장이고, '수水'는 신장인데, 물은 올라가고 불은 내려오는 방식으로 순환해야 한다는 뜻입니다. 우리 몸은 단일한 고정체가 아니라 수많은 타자가 득실대는 상생상극相生相剋의 현장입니다. 몸을 탐구해보면, 우리 몸에 있는 기생충은 만 종이 넘습니다. 이 균들이 없으면 우리는 살 수가 없어요. 균하고 동거를 하고 있는 거죠. 그리고 우리가 이렇게 살아 있으려면 몸 안에 오장육부도 있어야 하지만 대변 소변도 있어야 합니다. 똥오줌이 없으면 죽은 거예요. 우리 몸 안에 우리가 평소에 혐오하고 멀리하고 싶어 하는 것들도 함께 동거하고 있어야 우리가 살아 있는 것입니다. 우리가 피하고 싶어 하는 것들, 낯선 것들과 소통하는 것이 생명이라는 것입니다.

그래서 생명은 타자와의 마주침이라는 것을 기억하셔야 합니다. 면역력이라는 것은 균을 안 들여보내는 힘이 아니라 균이 들어오면 싸우고 화해하는 힘입니다. 균을 너무 밀어내면 면역력이 없어집니다. 현대의 많은 질병이 면역계 질환인데, 대표적인 것이 아토피입니다. 아토피는 너무 씻어서 세균을 몰아내다 보니까 면역계에 있는 백혈구들이 활동할 일이 없어져서 자기 세포를 공격해서 생기는 병입니다. 그리고 아토피는 기본적으로 먹는 음식 때문에 생기죠. 라면, 과자, 음료수, 커피 등 면역계를 깨는 음식들을 줄줄이 달고 살면 수승화강이 깨지면서 신장의 물이 고갈되고 심장의 불이 망동妄動하게 되는데, 이걸로 현대인의 질병의 90%가 진단됩니다. 심장의 불이 망동하면 망상이 많아지고 하체가 움직이지 않습니다.

넓은 캠퍼스만 하루 종일 돌아다녀도 하루 운동량이 충분할 텐데 여러분은 여러분이 가지고 있는 엄청난 자산이나 특권 중 하나인 이 캠퍼스를 누리지 않고 왜 꼭 헬스장에 가서 헬스를 하시나요? 이 캠퍼스를 여러분의 몸으로 돌아다니기만 하면 수승화강이 됩니다. 수업 시간에는 졸고 도서관에서는 자면서 결국 몸이 안 좋아지면 수영장에 가서 돈을 들여 운동을 합니다. 돈이 그렇게 없고 등록금으로 빚을 지면서 왜 돈이 드는 것만 믿고 있나요? 자기 몸을 믿으세요. 몸을 움직여서 신장의 물이 샘솟게 하면 거기에서 나온 생명의 에센스가 뇌를 촉촉하게 적시고 바로 그때 아이디어가 떠오릅니다. 독창적으로 사유하는 법을 어디에 가서 배울 수 있는 것이 아니라, 내 몸속의 신장에서부터 뇌까지 물이 솟아올라야 하는 것입니다. 그래서 인류의 신화에 나오는 모든 지혜의 신은 다 물의 신입니다.

몸 안에서 물이 솟아오르지 않으면 심장의 불이 망동해서 가장 먼저 잠이 안 옵니다. 밤에 잠을 안 자면 남학생들은 대개 게임을 하거나 야동을 보거나 스포츠 중계를 보죠. 전부 다 남성 호르몬을 항진시키는 것들입니다. 매일같이 남성 호르몬을 엄청나게 소모하는 거예요. 이것이 바로 수승화강이 안 될 때 오는 음허화동陰虛火動입니다. 그럼 여학생들은 잠이 안 오면 책을 보나요? 쇼핑을 하죠. 쇼핑할 때도 남성 호르몬이 나옵니다. 박태환 선수 때문에 유명해진 테스토스테론이라는 그 강력한 호르몬을 밤새 쓰는 겁니다.

음허화동이 일어난 몸은 나에게 바로 쾌락을 주는 것들에 길들여집니다. 쾌락에 길들여져서 성욕을 이렇게 써버리면 사랑을 할 수 없습니다. 사랑을 할 수 없는데 성욕만 자꾸 늘어나는 걸 뭐라고 하죠? 변태라고 합니다. 변태성욕이 바로 이런 것이죠. 여러분은 지금 젊고 에로스가 왕성하게 분비됩니다. 이것을 어떻게 쓸 것인가가 청춘의 가장 중요한 문제입니다. 이것을 쾌락을 만들어내는 호르몬으로 다 써버리면 항상 욕구불만에 시달리면서 연애를 못하게 됩니다. 왜냐하면 사랑은 관계를 발명하는 것이기 때문입니다. 사랑은 쾌락만으로 되지 않습니다. 에로스가 있어야 합니다. 이 에로스가 새로운 관계로 진입이 될 때 사랑이라고 하는 것입니다. 만나서 쾌락만 누리고 끝나는 건 그냥 '원나잇'이죠.

그래서 저는 3포 시대, 6포 시대라는 말을 하는데, 취업 때문에 연애도 포기한다는 건 말이 안 된다고 생각합니다. 원래 연애는 주류에서 벗어나고자 하는 욕망이 자극될 때 하는 거예요. 취업이 안 돼서 연애를 안 하는 것이 아니라 쾌락을 이미 다 써버렸기 때문에 연애를 안 하는 겁니다. 기진맥진해서 연애할 힘이 없는 것이죠.

내가 사랑하는 사람에게 줄 수 있는 가장 큰 선물은 나의 삶입니다. 절대 어느 것과도 동일하지 않은 나의 고귀한 삶!

사랑은 관계의 매트릭스입니다. 내가 누군가를 사랑하면 새로운 삶과 우주가 내 안으로 쑥 들어와서 내가 전혀 다른 존재가 되는 것입니다. 이것을 니체는 '자기 안에 자기를 멸망시킬 태풍이 있는가?'라는 질문으로 표현했습니다. 사랑은 내가 완전히 다른 존재로 리셋reset돼서 그 이전과 같이 살 수 없게 되는 것입니다. 더구나 청춘에 하는 강렬한 첫사랑이라면 그 이전으로 못 돌아가야 합니다. 그런데 요즘 연애는 계속 갈아타고 상대가 바뀌는 게 잘나가는 것으로 여겨지지 않나요? 이런 연애는 내 몸에서 아무런 일도 안 일어난 것입니다. 그냥 게임하고 야동 보는 스타일로 계속 게임하고 야동 본 것이죠. 관계에 대한 부재가 너무 심각합니다.

그리고 청춘의 이 에로스는 가장 일차적으로 이성을 향해 솟구치지만, 인생과 우주에 대한 지적 사랑이기도 합니다. 그래서 고전들을 보면 아주 강렬한 관계가 동성 간에 이루어집니다. 이것은 동성애가 아닙니다. 그리스 로마 시대에 소크라테스와 같은 철학자들은 소년과 강렬한 사랑을 맺었어요. 지성을 통해서 누군가를 만나는 것만큼 신체가 기뻐하는 일이 없습니다. 그것도 에로스입니다.

그래서 지금은 청춘이 너무 이상한 신체가 되어버린 겁니다. 연애도 하기 힘들다고 하고, 혼자 밥을 먹는다는 건 친구도 없다는 것이죠. 연애를 해야 하는데 뭐가 없어서, 뭐가 없어서, 뭐가 없어서라고 핑계를 댄다는 것도 이미 성형하는 것과 똑같은 것입니다. 나는 눈이 작아서, 코가 낮아서, 뭐가 어때서, 뭐가 어때서라고 구실을 대면서 엄청나게 돈을 들여 뜯어고치잖아요. 왜 자기의 넘치는 특이성을 지워버리고 똑같아지려고 하는 건가요? 돈이 없고 직업이 없어서 연애를 못한다는 것도 말이 안 되는데, 더 큰 문제는 에로스가 완전히 고갈됐다는 거예요. 이 청년기에는 친구에 살고 친구에 죽을 만큼 열렬히 좋아하는 친구가 있어야 합니다. 이게 에로스예요. 그런데 우리나라에서는 우정이라는 것이 얼마나 소외됐냐 하면, 조폭 영화가 아니면 만날 수가 없습니다. 우정이나 의리가 조폭 영화에밖에 없으니까 조폭 영화가 나오면 히트를 치는 겁니다. 우정이나 의리 같은 윤리적 가치가 몸에서 소거됐어요.

사랑의 힘이 없어지면 우정도 힘도 가질 수 없습니다. 반대도 마찬가지입니다. 참을 수 없는 에로스의 충동으로 내가 새로운 가치를 생성하는 관계 안으로 들어가야 하는 겁니다. 예전에는 돈의 영향도 덜 받고 게임도 야동도 없었기 때문에 어떻게든 다들 연애를 하면서 손으로 편지를 썼고, 편지를 써서 상대방을 유혹하려면 자신이 굉장히 지적인 인간이라는 걸 증명해야 하니까 편지에 인용하기 위해서 갑자기 철학 책을 읽고 시를 읽었어요. 어떻게 보면 인생에서 유일하게 철학자가 되고 시인이 되는 순간이었습니다. 그게 에로스인 겁니다. 내가 누군가를 사랑할 때는 상대방에게 내가 고귀한 존재임을 증명하고 싶어 합니다. 나를 허접하다고 생각하면서 '내 사랑을 받아주세요'라고 할 수는 없겠죠. 그래서 사랑하는 순간 지성과 지혜로 무장하게 됩니다. 그래서 사랑과 지성은 분리될 수 없습니다. 만약 내가 연애를 하고 있는데 철학 책도 읽지 않고 점점 정신연령이 떨어지고 있다면 나는 상대방을 사랑하고 있는 게 아니에요. 내가 사랑하는 사람에게 줄 수 있는 가장 큰 선물은 나의 삶입니다. 절대 어느 것과도 동일하지 않은 나의 고귀한 삶! 그런데 내가 허접하게 상품으로 환원되는 인생을 살면서 상대를 사랑한다는 건 가짜입니다.

그래서 인간의 에로스가 존재의 근본이고 생명의 토대가 되는 것입니다. 그리고 신체가 이렇게 작동을 합니다. 신장에서 물이 나와야 해요. 왜냐하면 여기에서 남성의 정자와 여성의 생리혈이 다 나오기 때문입니다. 그런데 신장의 힘이 약하기 때문에 현대 남성들의 정자 수는 급격히 감소하고 있습니다. 그래서 출산율이 떨어지는 것입니다. 여성은 생식할 수 있는 힘이 현저히 떨어지고 있습니다. 그래서 자궁 난소 쪽에 엄청난 병들이 득실거리게 된 것이죠. 그러니까 기본적으로 생명을 잉태할 수 있는 신체적 능력이 떨어지기 때문에 관계를 만들어내지 못하고 쾌락이 아닌 삶의 진정한 기쁨을 못 누리게 된 것입니다.

우리는 세상을 인식하는 만큼 기쁨과 능동성을 누립니다.

예전에는 대학생들이 늘 학교와 학생회관과 학교 앞 술집에서 살았는데, 지금 여러분은 강의실에 있으면서도 스마트폰 속으로 쏙쏙 들어가죠. 제가 어떻게 젊은이가 혼자 밥을 먹을 수 있을까를 생각해보니 스마트폰 안에서 쾌락이 다 가능하기 때문인 거예요. 강남에 가면 엄마들이 만나서 얘기한대요. "언제 방 밖으로 나오기만 해도 너무 고맙겠다." 왜 방 밖으로 못 나올까요? 하루 종일 방 안에만 있어도 재밌는 게 있으니까 그런 거겠죠. 쾌락이 있기 때문에 혼자 있는 거예요. 그렇게 방 안에만 있는 게 나름대로 개성이 있는 거라고 절대 착각하시면 안 됩니다.

그렇게 쾌락으로 에너지를 다 써버리면 관계를 맺는 데 쓸 에너지가 없습니다. 그래서 몸의 회로가 딱 고정되어버립니다. 그러면 내가 타자들과 마주쳐서 무언가를 만들어낼 수 있는 생성이라는 것이 불가능해지고, 쾌락이 아닌 건 다 재미가 없어져요. 두 가지 감정밖에 없는 거예요. "와, 핫하다." 아니면 "재미없어." 그래서 중간의 감정이 없고, 몸이 평화를 누릴 수 없습니다. 평화롭다는 걸 모르죠. 지루함과 권태만 있는 거죠. 그래서 쉽게 얘기하자면, 변태와 권태 사이를 왔다 갔다 하는 겁니다. 이렇게 변태와 권태 사이만 왔다 갔다 하는데 어떻게 몸에서 수승화강이 일어나겠어요. 그래서 모든 병이 생깁니다. 갑상선 항진증, 안구건조증, 불면증, 두통, 공황장애 같은 병이 모두 열이 위로 떠서 생깁니다. 열이 위로 떠 있는 상태가 불안을 만듭니다. 불안이 커지면 더더욱 삶에 대해서 무지해지죠. 이 무지 때문에 자기 삶을 놓쳐버리는 것입니다. 자살로 갈 수밖에 없는 거죠.

우리는 세상을 인식하는 만큼 삶의 기쁨과 신체의 능동성을 누립니다. 세상을 인식하지 못하는데 내 신체의 능력이 커지고 삶이 충만해지는 일은 일어나지 않습니다. 그래서 그냥 누군가와 연애해서 둘이 알콩달콩 재미있게 지내는 것은 쾌락의 변종에 불과합니다. 그리고 요즘처럼 사랑 타령을 많이 하는데 치정 살인이 이렇게 많은 시대가 없었습니다. 너무 끔찍한 엽기적 살인이 끝도 없이 일어나는데 다 너무 사랑했던 관계들이에요. 이렇게 엽기적인 살인을 한 사람들의 공통점이 하나 있는데 친구가 없다는 것입니다. 이것은 몸의 원리입니다. 타고난 성품이나 기질의 문제가 아니라, 몸이 외부와 소통을 하지 않으면 고립되고, 고립되면 불안하기 때문에 그 안에서 폭력이 자라는 것입니다. 그래서 혼자 밥 먹는 건 위험한 겁니다.

또 연애를 너무 쾌락적으로 하면 블랙홀이 됩니다. 요즘은 여성의 파워가 강해져서 여성들이 간혹 남자 친구가 다른 사람들과 맺는 여러 관계를 모두 자신에게 돌리려고 하는 경우가 있는데 이렇게 하는 것은 매우 위험합니다. 연애할 때 내 남자 친구나 여자 친구에게 친구가 하나도 없다면 그때부터 친구를 만들어주세요. 우정의 네트워크가 없는 사랑이라는 것은 결국 블랙홀로 빠집니다. 이것이 몸의 원리입니다. 그러면 서로가 쾌락을 더 많이 주는 수밖에 없습니다. 그러다 보면 폭력이 내재되는 것이죠.

혼자 살면 정말 편하고 모든 게 갖춰져 있는데 뭐가 문제냐고 하는데, 그러면 전 세계에 '외로운 늑대'가 왜 출연했을까요? 외로운 늑대는 혼자 인터넷 보고 혼자 피자 먹고 살다가 세상에 대한 분노만 가득해져서 어느 날 갑자기 테러리스트가 된 겁니다. 우리 몸은 혼자서 잘 먹고 잘 산다는 것이 불가능해요. 우리 몸이 그런 걸 아주 싫어한다는 것이죠. 기본적으로 관계에 대한 열망이 생명의 원초적 본능입니다. 관계를 맺기 위해서 학교를 가고, 학교를 이렇게나 많이 만든 것입니다. 그냥 지식만 얻을 거면 사이버 대학을 다니지 뭐 하러 번거롭게 학교에 오겠어요?

사랑을 해야 하는 이유는, 사랑이 내가 태어나서 타자를 온몸으로 받아들이는 거의 유일무이한 사건이기 때문입니다.

그런데 왜 만나야 될까요? 몸은 마주침에 의해서만 상생상극을 하고, 그것만이 신체의 능동성을 키워주기 때문입니다. 사랑을 해야 하는 이유는, 사랑이 내가 태어나서 타자를 온몸으로 받아들이는 거의 유일무이한 사건이기 때문입니다. 그런데 사랑은 기본적으로 성욕에 기초하기 때문에 절대 지속성을 가질 수가 없습니다. 나는 정말 마음으로 사랑한다고 생각하지만 사실은 신장에서 나오는 성호르몬이 지금 이 상대에게 집중하게 하는 것입니다. 성호르몬의 유통기한은 2년 정도입니다. 그럼 이 기한이 끝나고 나면 두 사람의 관계를 무엇으로 끌고 가야 할까요? 그래서 그때부터가 사랑일까요, 아니면 내가 성욕에 눈이 멀었을 때가 사랑일까요?

생명이 이런 선택을 한 이유는, 나의 분신을 낳은 다음에는 쉬어야 하기 때문입니다. 성욕처럼 사람의 에너지를 많이 소모하는 것이 없어요. 그래서 아이를 낳는 데 총력을 기울이고, 그다음부터는 덤덤해지는 것입니다. 그런데 이런 사실을 모르고 '이렇게 뜨겁게 나를 사랑한다고 했으니까 계속 뜨겁게 사랑을 하겠지?'라고 생각하면 그 결혼은 백전백패입니다. 그런 일은 안 일어납니다. 남성이든 여성이든 마찬가지예요. 사랑이라는 사건 하나만으로 인생을 버티다가는 정말 변태성욕자로 끝나는 겁니다. 그래서 우정과 지성이라는 가치가 필요합니다. 내가 50-60년을 어떤 사람과 관계를 맺고자 할 때는 인간적 신의와 의리와 존재에 대한 성찰이 있어야 해요.

그래서 생물학을 배우면 사랑의 법칙을 알게 됩니다. 그런데 여러분이 사랑을 배운 건 죄다 멜로드라마나 포르노를 통해서죠. 포르노를 통해서 성교육을 받고 멜로드라마를 통해서 사랑의 문법을 주입받기 때문에 양쪽 다 완전히 어그러져 있는 것입니다. 포르노에는 관계는 없고 욕망들의 교환만이 있죠. 멜로드라마는 인간의 몸을 완전히 외면해버려요. 그래서 멜로드라마를 보면 여성도 성욕이 없고 남성도 성욕이 없어요. 키스 한 번 하면

드라마가 끝나죠. 무슨 키스를 이벤트처럼 하나요? 멜로드라마는 연애의 실상이 아닙니다. 사랑은 순수하고 영원한 게 아니에요. 인생 자체가 순수하다면 살 수 없어요. 순수하다는 건 면역계가 없는 것이죠. 그런 허황한 이미지에 중독되고 포르노에 마비된 남녀가 만나서 부부가 되니까 정말 답이 없는 것입니다. 가족 관계가 해체될 수밖에 없지요. 이해와 배려, 양보 이런 공허한 윤리로 삶이 돌파가 됩니까?

그리고 20대가 가장 출산이 왕성하게 이루어질 나이인데, 20대는 다 학교에 묶여 있습니다. 그러니 청년 인구가 사라질 수밖에요. 가장 왕성하게 생식을 해야 할 때 학교에서 스펙을 쌓게 만든 대가입니다. 그리고 전자파에 이렇게 노출이 되는데 어떻게 이 신장에서 정자와 난자가 형성이 되겠어요? 그러니까 청년 인구가 줄어든 건 자업자득인 것입니다. 그러면 앞으로도 이렇게 살아야 하는 걸까요? 스펙 쌓기의 노예로, 전자파에 노출이 돼서 변태성욕자가 될 것인가, 아니면 아무것도 생산할 수 없는 불모의 몸이 될 것인가, 이제 이걸 청년들이 선택해야 합니다.

'화폐 탓이야'라고만 하고 있는 한 인간은 지성을 절대 발휘할 수 없습니다.

우리는 이 모든 게 다 안 되는 이유가 전부 다 돈 때문이라고 생각하지요. 돈의 위상이 절대적인 경지에 올라간 것입니다. 원래 화폐는 교환 수단인데, 요즘 우리가 만나는 화폐는 자본입니다. 자본이 뭔가요? 자본은 무한 증식하는 화폐입니다. 아무리 돈이 많아도 그 돈을 묻어두기만 하고 투자해서 증식시키지 않는 사람은 자본가가 아닙니다. 자본은 굴려서 불리는 것입니다. 그래서 우리는 돈을 계속 많이 벌어야 한다는 착각을 하고 삽니다. 돈은 어느 시대에나 필요했고 돈을 좋아하는 마음은 공통적인데, 현대인들이 특히 더 화폐에 중독되어 있고 물신의 노예가 된 것은 현대의 화폐가 자본이기 때문입니다.

 제가 어렸을 때, 1970년대에는 가장 큰돈이 딱 100만 원이었어요. 그런데 최근에 한 중학생에게 물어보니 30억이라는 구체적인 액수를 말해요. "그럼 30억이 생기면 뭘 할래?"라고 물어보니 "주식 투자"라고 답해요. 자본주의사회에서 자란 이 아이는 자본을 굴려야 한다는 생각을 무의식중에 주입받은 거예요. 지금 중년층 이상은 돈이 많지요. 그래서 여러분이 부모님께 붙어살고 있는 거잖아요. 아무리 어렵다고 해도 지금 우리는 경제적으로 초유의 풍요를 누리는 거예요. 중년, 노년들이 돈이 많으니까요. 그런데 돈이 많은 이 중년층 이상이 돈을 쓰지 않아요. 이들이 돈을 풀면 사회에 돈이 돌아서 청년 일자리도 늘어나고 노인 복지 문제도 해결될 텐데 돈을 쓰지는 않고 투자해서 불리기만 해요. 왜 그럴까요? 불안하고 무지하기 때문입니다. 돈 다 줘버리고 내가 가진 게 없으면 무시당하고 버림받을 것 같고, 고령화 사회인데 내가 몇 살까지 살지 모르니 앞날을 대비해서 절대 주면 안 된다고 생각하는 거죠. 그래서 모든 경제가 꽉 막혀 있습니다.

자본주의는 사유재산을 무한 증식하라고 명령을 내립니다. 그래서 많은 사람들이 돈을 어떻게 벌까에 대해서만 생각하지 돈을 벌어서 어떻게 쓸까를 생각하지 않아요. 원래 돈은 쓰기 위해서 버는 거 아닌가요? 내가 건강하고, 겨울에 춥지 않고 여름에 덥지 않고, 공부하고 싶은 걸 하고, 하루에 세 끼를 부족함 없이 먹는다면 더 뭐가 필요합니까? 나머지는 다 거품이거든요. 갖고 있다고 과시하는 거지요. 과시하고 필요 없는 걸 계속 사대는 것은 부의 노예지, 부의 주인이 할 짓이 아닙니다. 돈은 써야 하는 겁니다. '쓴다'를 먼저 배워야 해요. 그래서 어떻게 쓰느냐? 지금 전 세계적으로 세대 격차, 세대 갈등의 문제를 겪고 있는데, 중요한 건 중년, 노년의 돈이 돌아야 한다는 것입니다. 청년기엔 열심히 모으고, 중년이 되면 모은 돈으로 노인도 봉양하고 아직 일을 할 수 없는 세대에게도 돈이 흐를 수 있게 해야 합니다. 돈이 어딘가에 뭉쳐 있고 흘러가지 않는 한 이 세대 문제를 해결할 방법은 없습니다.

우리나라는 아주 잘삽니다. 이렇게 작은 나라에서 물질이 이토록 풍요한 경우가 없습니다. 그런데도 우리는 왜 호모 미세라빌리스로 살아가는가, 이것이 여러분이 생각해야 할 몫입니다. '화폐 탓이야'라고만 하고 있는 한 인간은 지성을 절대 발휘할 수 없습니다.

> 천지인의 원리를 알 때 오는 신체의 자유로움은 인간의 절대적 행복, 지복입니다.

인간에 대한 정의에 어떤 게 있나요? 생각하는 인간 '호모 사피엔스', 직립하는 인간 '호모 에렉투스', 도구를 만드는 인간 '호모 하빌리스' 등등 굉장히 많죠. 그런데 신체적으로 인간만이 가지고 있는 특징은 두 발로 선다는 것입니다. 두 발로 선다는 것은 손이 자유롭다는 뜻이죠. 손에는 신경세포가 엄청나게 많고 우리는 손으로 무언가를 만듭니다. 창조하는 인간이죠. 인간은 왜 두 발로 섰을까요? 인간이 왜 두 발로 섰을까를 생각하면 굉장히 경이롭습니다. 인간은 하늘과 땅을 알고 싶어서 두 발로 섰습니다. 하늘이 너무 궁금했던 거죠. 그래서 하늘의 별을 보기 시작했고, 그러면서 뇌세포가 엄청나게 증식해서 인간의 뇌세포의 숫자가 우주에 있는 별보다 많다고 합니다. 계절마다 별자리가 달라지고 거기에 따라 땅의 기운이 달라지는 이유를 궁금해하던 인간은 그에 따라 인간도 함께 움직이고 있다는 걸 알게 됩니다. 그것이 천지인天地人입니다. 이 알게 된 기쁨, 천지인의 지도를 그리게 된 기쁨이 인간을 다시 원래로 돌아가지 못하게 합니다. 그때부터 인간은 말하는 존재, '호모 로퀜스'가 되었습니다. 로퀜스가 곧 로고스입니다. 그래서 로고스에서만이 인간적 특징이 살아납니다. 식욕, 성욕, 번식 본능 등 모든 것이 동물과 똑같은데, 천지인에 대해 알고 싶어 하는 것만이 인간이 동물과 다른 점입니다.

여러분이 지성을 쓰지 않으면 여러분은 인간으로 태어난 보람을 못 느낍니다. 스피노자는 이것을 지복至福이라고 했습니다. 인간이 누릴 수 있는 지복은 오로지 이 로고스에서 나옵니다. 다른 것들은 다 쾌락입니다. 좋았다가 금방 싫어지죠. 너무 마음에 드는 물건을 샀는데 내일은 더 좋은 걸 사고 싶어지면서 이 물건에 금방 싫증이 나고, 너무 사랑하지만 호르몬이 떨어지면 지겨워집니다. 하지만 천지인의 원리를 알 때 오는 신체의 자유로움은 인간의 절대적 행복, 지복입니다. 그리고 이 지복, 로고스는 작동하는 순간부터 어떤 커뮤니티와 같이 갑니다. 앞에서 생명은 타자와의 마주침이라고 말씀드렸지요? 타자와의 마주침이 생명의 원리이기 때문에 인간의 지복인 로고스가 작동하는 순간 인간은 타자와 만나고, 부딪치고, 새로운 사유와 가치를 창조할 수 있어요.

아주 먼 인류 초창기부터 이 욕망이 시작됐기 때문에 인류는 문명을 계속 일구어오면서 먹고살 만하면 바로 학교를 지었습니다. 아무리 가난한 곳에 가도 마찬가지입니다. 우리가 아프리카를 원조할 때도 먼저 물을 마실 수 있게 하고 굶주림을 해결한 다음 학교를 짓습니다. 가족들을 먹여 살려야 하는 10살짜리 꼬마도 1달러라도 남으면 그 돈으로 게임기 같은 걸 사는 게 아니라 노트와 연필을 삽니다. 그리고 "돈 벌면 뭐 할래?"라고 물으면 "동생 학교 보낼래요"라고 하죠. 이것이 바로 원초적 본능입니다.

지금 우리나라의 이렇게 많은 대학은 인류의 시원에서부터 가져왔던 동경과 꿈을 물질적으로 구현한 것입니다. 거듭 강조했듯이 이런 유토피아가 단군 이래 이루어질 수 있을 거라고 생각한 적이 없습니다. 그런데 그 주인공인 여러분이 이렇게 호모 미세라빌리스로 살아서 되겠습니까? 이 원리를 안다면 여러분은 지금 이 자리에 있는 것만으로, 그리고 도서관에서 어떤 인류 최고의 지성도 다 열람할 수 있다는 것만으로도 자기 존재에 무한한 경이를 느끼게 됩니다. 이걸 모를 때 화폐의 노예가 되고 끝없이 결핍된 존재로 살아갈 수밖에 없게 되는 것입니다.

질문과 대답

교환학생으로 외국에 가서 생활하면서 유독 한국 사회가 타인에 대한 관심이 많고 타인과의 비교가 심하다는 것을 느꼈습니다. 이런 한국 사회에서 더 이상 나를 타인과 비교하지 않고 온전한 나 자신으로서 굳건하게 살 수 있는 구체적인 방법이나 마음가짐이 있다면 알고 싶습니다.

대학은 취업이라든가 이후에 일어날 기성세대의 세계로부터 거리가 있어야 하는데 지금은 너무 밀착해 있다는 생각이 듭니다. 여러분이 지금 아무리 기를 쓰고 스펙을 쌓아도 일자리가 보장되지 않습니다. 그리고 디지털 시대라는 것은 직업의 유동성이 아주 심한 시대를 말합니다. 지금 여러분이 허겁지겁 어떤 직업을 갖는다고 해서 그 직업이 평생 유지될 수 없어요. 우리는 언제든지 백수가 될 수 있다는 것입니다. 그렇다면 내가 인생을 거쳐 갈 때 정말로 중요한 것은 인생 전체를 볼 수 있는 인식과 시선입니다. 이것을 청년기에 연마해야 하지 않을까요?

언제든 직업을 바꾸고 유연하게 변화해갈 수 있기 위해서는 인생을 보는 긴 안목과 우정의 기술이 필요합니다. 사람한테는 사람밖에 필요하지 않아요. 왜냐하면 인간이 혼자서도 쭉 잘 먹고 잘 살 수 있을 것 같지만 독거노인으로 살다가 자살하는 분들은 먹을 게 없어서 자살하는 게 아닙니다. 말을 주고받을 사람이 없으면 삶의 의지가 하나도 안 생깁니다. 그건 몸의 원리예요. 여러분은 지금 인간과 인간끼리 소통하는 능력을 터득해야 합니다. 어설프게는 소통이 안 돼요. 인간의 몸은 그게 가식인지 진심인지를 금방 압니다. 그래서 대학교 때 아무 조건 없이 우정과 교감을 나눌 수 있는 신체성을 터득해야 해요. 그런 신체성을 전통적인 용어로 인복이라고 하는데, 인복 없이 자기 힘으로 일굴 수 있는 건 단언컨대 없습니다. 인간은 원초적으로 연결되어 있는 존재입니다. '나만 열심히 하면 돼'라고 생각해도 전혀 예상치 못한 곳에서 엉뚱한 폭탄이 터져버리는 게 인생이에요. 모든 인생은 오르락내리락하게 돼 있거든요. 그럴 때 필요한 게 내가 이 변화를 버텨갈 수 있게 해주는 동료, 친구의 힘입니다.

선생님께서 생각하시는 진정한 의미의 지성에 대한 사랑은 무엇인가요?

지식은 기술 지식, 전공 지식 같은 것입니다. 지식만 배우면 기술자가 되는 거죠. 기계적으로 익히는 것이 지식입니다. 그런데 우리는 기계가 아니잖아요? 우리 몸은 정신, 무의식과 같은 굉장히 복합적인 조건을 가지고 있습니다. 그래서 이 기술로 내가 어떻게 살 것인가를 탐구하는 것이 지성입니다. 내가 이 기술로 어떤 직업을 가지고 어떤 사람들을 만나서 그 사람들과 어떤 관계를 맺고 어떤 삶을 살아갈 것인가에는 문학과 역사와 사회와 경제와 심리 등이 포함됩니다. 이것이 바로 인문학입니다. 그리고 이 지성 다음에는 지혜라는 영역이 있습니다. 지혜는 무의식과 관련된 것입니다. 왜 무의식에 대한 지혜가 필요하냐면, 죽음이 있기 때문입니다. 죽음은 역사학, 사회학, 경제학의 영역 안에 들어가지 않습니다. 이 학문들은 누가 몇 명 죽었다는 통계를 알려줄 수는 있어도 죽음에 대해서는 알려주지 않아요.

인간은 자기 직업의 테크닉이 있어야 하니 당연히 지식을 배워야 하지만, 관계를 어떻게 할까에 대해서도 알아야 합니다. 지금의 스펙 문화는 많은 것을 망쳐놨는데, 무엇보다도 지식을 운용하는 지성이 없는 인재를 양성했기 때문에 기업에서는 이 인재들을 하나도 써먹을 수 없다고 투덜거립니다. 그동안 대학이 기업에 잘 보이려고 이런 스펙 문화를 만들어놨는데 기업에서는 이 인재들을 써먹을 수가 없다고 도리어 기업에서 인문학을 새로 가르치고 있습니다. 기업에서 원하는 인재는 '글로벌 인재' 같은 것이 아니라, 건실한 인간, 의리 있고 믿을 만하고 약속을 지키는 사람이라는 거예요. 신의와 의리를 바라는 것이 바로 관계에 대한 열망입니다. 그래서 제가 여러분에게 혼자 밥 먹고 다니면 안 된다고 하는 거예요. 그런 사람은 사회에 나가도 아무 쓸모가 없어요. 직장은 사람들이 같이 일하는 곳입니다.

이제 기업은 직원을 스펙으로 안 뽑겠다고 합니다. 그럼 대학생은 대체 어쩌란 말인가요? 여러분은 그냥 자기 길을 가는 게 나아요. 끝도 없이 스펙을 채울 수도 없고, 스펙을 채워봤자 기술직 이상이 절대로 안 됩니다. 결국 인간과의 관계 문제입니다. 그래서 지금 기업이 인문학을 다 하는 것입니다. 기업을 끌고 가려니까 상하와 세대 간의 갈등을 조율해야 하는데, 이건 사원 복지로도 안 되고 회사가 잘된다고 해결되는 것도 아니니 당황스러운 거죠. 그런데 대학은 거꾸로 인문학을 다 축출해버렸어요. 그래서 대학생들은 지성이 없어요. 지성이 없는 대학생은 뭔가요? 앙꼬 없는 찐빵인가요, 오아시스 없는 사막인가요? 스펙 문화가 이렇게 모순적인 상황을 만들어버린 것입니다.

동양에서는 지성이 반드시 죽음에 대한 앎으로 연결되도록 합니다. 쉽게 말하면 종교라고 할 수 있죠. 현대인들은 죽음의 문제를 종교에 맡겨놓고 더 이상 자신은 죽음에 대해서 탐구하려고 하지 않아요. 생물학적 죽음은 병원에 맡기고 그 뒤처리는 종교단체에 맡기는 거죠. 그러면 나의 죽음을 어떻게 해야 하나요? 그래서 죽음이 너무너무 무서운 거예요. 모르니까. 내가 죽는 건 병원에서 알아서 해주지 않아요. 죽은 다음에 처리를 해주는 거죠. 죽음은 태어남이 그런 것처럼 유일무이한 사건입니다. 그래서 동양학에서는 죽음을 탐구하도록 합니다. 동양 사상은 지식,

지성, 지혜가 삼중주로 연결이 되어 있어요. 그런데 지금은 지식, 지성, 지혜를 따로따로 떼어놓고 지혜는 종교 단체나 명상 센터에 맡기고, 지성은 대학에 맡겼었는데 이제 그것도 아닌 거죠. 여러분은 지성을 포기한 세대인 거예요. 지성을 포기하고 지식만 채우고 있어요. 지식밖에 없으니까 점점 비참해지죠. 그래서 대학이 이렇게 자유로워지고 좋은 시설을 누리게 됐는데도 아무것도 없었을 때보다 더 결핍이 늘어난 것입니다. 그러니까 이 지성을 다시 복원해야 합니다. 내가 배우는 전공 지식이 어떻게 내 삶과 연결되고, 궁극적으로 어떻게 죽음의 이치를 알게 될 것인가? 이렇게 지식에서 지성으로 그리고 지혜로 배움이 이어지는 건 인간의 실존적 조건입니다. 만약 정부에서 '이제부터 대학생들은 무조건 전공 지식, 기술만 익혀야 한다'고 강제한다고 생각해보세요. 이건 인간에 대한 모욕입니다. 인간은 누구나 자기 힘으로 먹고살아야 하고, 제도와 서비스에 의존하지 않고 자기 삶을 자기 스스로 영위하고, 죽음을 스스로의 힘으로 건너가야 합니다. 이것이 지성을 연마해야 하는 이유입니다.

우정의 기술이 구체적으로 무엇인지 궁금합니다. 내가 친구에게 의리를 지키고 잘해주는 것이 우정의 기술인가요, 아니면 나를 사랑해주는 친구를 만나는 것이 우정의 기술인가요?

친구와 나누어야 할 것은 지성입니다. 지성과 지혜가 선물입니다. 아플 때 챙겨주고 심심할 때 놀아주는 것도 친구이지만 그런 관계는 배신당할 수밖에 없습니다. 아마 본인도 누군가를 계속 배신해왔을 거예요. 남이 나한테 그런 식으로 해주는 걸 다 받아줄 수 없습니다. 우정과 지성은 하나라고 말씀드렸죠? 대학생은 이걸 같이해야 합니다. 80-90년대에 대학생들이 그렇게 교감할 수 있었던 이유, 당당하게 빈대 붙고 조건 없이 줄 수 있었던 이유는 지성이라는 공감대가 있었기 때문입니다. 삶에 대한 탐구, 인생에 대한 지혜의 길 위에 있는 관계는 물질적인 것으로 환원이 안 됩니다. 이게 아닌 것들, 친구에게 주는 음료수나 내가 보내는 문자의 수고는 물질적인 것이고 계산되는 것들입니다.

사우師友, 즉 스승이면서 친구인 관계. 여러분에게 지금 이 관계가 있다면 여러분은 이미 행복한 사람이고, 만약 없다면 앞으로 살아가면서 반드시 만들어야 합니다. 내가 배울 만한 점, 내가 존경하는 어떤 가치를 가진 존재가 스승이죠. 그런데 그 스승이 내가 언제든지 마음을 털어놓고 나의 모든 약점을 보여줄 수 있는 벗일 때, 그것이 바로 사우입니다. 나의 모든 흉허물을 다 알고 있는 친구인데, 그 친구에게서 인생에 대해 배울 게 없다면 사우가 아닙니다. 친구가 스승인 순간이 있어야 하고, 스승인데 내가 권위에 압도당하는 게 아니라 편안하게 언제든 인생에 대해서 물을 수 있어야 합니다. 이런 관계가 있느냐가 인생의 척도입니다. 사람을 만나는 것은 이 관계를 만나기 위한 것입니다. 지금 이런 관계가 실제로 있다면 좋겠지만, 그렇지 않다면 책 속에라도 있어야 합니다. 이것이 대학생이 꼭 누려야 할 특권입니다.

그런데 관계는 계속 변하겠죠? 만약 내가 이 스승에게서 배울 걸 다 배웠다면 그럴 때는 가차 없이 돌아서서 떠나야 합니다.

그게 스승이 원하는 의리입니다. 그래서 동양에서는 스승을 밟고 지나가라고 합니다. 언제든지 밟을 수 있어야 합니다. 그러려면 내가 힘차게 걸어야겠죠. 친구를 정말 아낌없이 사랑하고 친구에게 내 존재를 오버랩했지만 시절이 다했다면 뒤도 돌아보지 않고 떠나는 겁니다. 이게 인생입니다. 끈적끈적하게 뒤돌아보면서 미련을 남기는 것은 지성과 지혜의 길이 아닙니다. 우리는 살아가면서 수많은 사람을 만나고 수많은 사람과 결별합니다. 인생 자체가 그렇습니다. 연애뿐만이 아니라 우정과 진리의 영역도 마찬가지입니다. 이 능력을 신체적으로 터득하면 내가 어떤 사람을 지극히 존경했는데 나중에 봤더니 내가 이 사람보다 더 커져 있다면 그때는 떠날 수 있어요.

그런데 여러분은 내가 친구한테 이만큼 잘해줬는데 그만큼 피드백이 안 오면 실망하죠. 그러면 그다음부터는 사람에게 뭘 주기가 싫어집니다. 나의 능력이 떨어진 것이죠. 부정과 수동성을 갖게 되면 신체성이 떨어집니다. 그래서 사람을 만날 때마다 배신의 쓴맛만 보고 결국 남는 건 '다 필요 없어. 나 혼자 있을 테야' 하는 고립감이죠. 그건 무척 어리석인 일입니다. 배신을 당하면 배신을 가지고 탐구하세요. 그거보다 좋은 임상 자료가 어디 있나요? '쟤는 대체 어떤 멘탈을 가져서 저렇게 싸가지 없이 내 뒤통수를 칠까?' 이걸 탐구하면 그다음에 내 능력이 커집니다. 연애도 똑같아요. 그래서 연애에서는 차이는 게 더 좋습니다. 내가 정말 나의 몸과 마음을 다해 사랑했는데 버림받으면 그 관계를 곱씹게 돼서 인간에 대해 굉장히 많은 걸 터득하게 돼요. 그런데 이걸 안 하고 잊어버리려고 바로 다른 사람을 만나면 연애에 중독됩니다.

그래서 중요한 건 신체적 역능이 늘어나야 한다는 것입니다. 스펙 같은 건 필요 없어요. 신체성이 늘어야 해요. 그런 사람은 어디를 가든 신뢰를 얻기 때문에 일자리 같은 거 걱정할 필요가 없어요. 세계 어딜 가든 다 일자리를 얻을 수 있어요. 그런데 내가 늘 부정적이고 탁한 기운을 갖고 있다면 누가 나를 믿고 써주겠어요? 그래서 대학 때 배워야 하는 우정의 기술이나 지성의 핵심은 말과 글입니다. 목소리를 내서 내가 내 인생을 말할 수 있어야 합니다. 여러분이 인문학을 터득했는지는 말을 해보고 글을 써보면 압니다. 만약 여러분이 대학에서 단 한 가지만을 배운다면, 글쓰기를 배워야 합니다. 그런데 지금 우리나라 대학에서는 인문학부에서도 글쓰기를 안 하고 있어요. 결국 여러분은 창조할 능력을 하나도 갖추지 못한 채 전공과 스펙에 의존하는 것인데 이것은 언제 무용지물이 될지 모르는 물거품에 지나지 않습니다.

로고스라고 하는 건 말과 글로 표현됩니다. 말을 하려면 듣는 사람이 있어야죠. 글을 쓴다는 건 내 글을 읽어줄 누군가가 전제되어야 합니다. 그래서 말과 글 자체가 이미 커뮤니티입니다. 타자와 함께할 수밖에 없는 거죠. 다른 종류의 기술은 나 혼자 익힐 수 있지만 말과 글은 소통을 그 전제 조건으로 합니다. 그래서 내가 말을 제대로 하고 있는지 점검해주고, 내 글이 잘 읽히는지 확인해줄 수 있는 사우가 중요하고, 우정과 지성은 분리될 수 없다는 것입니다.

선비에게
배우는
멋지게 사는 길

김병일

김
병
일

○

서울대를 졸업하고 행정고시를 거쳐 30여 년간 통계청장, 조달청장, 금융통화위원, 기획예산처 장관에 이르기까지 공직에 몸을 담았다. 사학과 재학 시 가졌던 우리 역사와 전통에 대한 관심이 인연이 되어 경북 안동의 한국국학진흥원 원장을 지냈으며, 현재는 도산서원 선비문화수련원 이사장과 도산서원 원장을 겸임하며 선비 정신과 전통문화의 보급·확산을 위해 힘을 보태고 있다. 주요 저서로 『퇴계처럼』, 『선비처럼』, 『브랜드 코리아』(공저) 등이 있다.

우리는 한 번밖에 못 사는 소중한 나의 삶을 어떻게 살아야 할까요?

사실 저는 일생을 거의 다 산 사람입니다. 그래서 젊은 여러분을 보면 아주 부럽습니다. 제가 앞으로 뭐가 될 가능성은 별로 없지만 여러분은 긴 인생에 비춰 볼 때 이제 시작이고 수많은 가능성이 열려 있으니까요. 여러분의 가능성은 무한대인데 저의 가능성은 거의 제로인 셈입니다. 저는 육체적으로 활력도 떨어지고 정신적으로 기억력도 떨어져서 엊그제 한 일이 잘 기억나지 않을 때도 있습니다. 제가 여러분보다 컴퓨터를 잘하겠어요, 영어 발음이 더 좋겠어요? 이렇게 여러 가지로 여러분보다 부족한 제가 이 자리에 선 이유는 단 한 가지뿐입니다. 바로 여러분보다 오래 살았다는 것입니다. 계산해보니 20대인 여러분보다 50년 더 오래 살았네요. 그건 제가 여러분이 살아보지 못한 30대, 40대,

50대, 60대, 70대를 살아봤다는 의미입니다. 이것 때문에 제가 여러분 앞에 섰습니다. 그런데 만약 제가 잘 살았다면 아마 이 자리에 서지 않았을 거예요. 돌이켜보니 저는 아주 잘못 살았고 후회되는 일이 이만저만이 아닙니다.

그래서 저는 여러분에게 저처럼 살지 말고 선비처럼, 퇴계 선생처럼 잘 살라는 말씀을 드리려고 합니다. 저는 7년 전에 도산서원 선비문화수련원의 이사장직을 맡으면서 퇴계 선생의 삶과 사상에 느끼는 바가 많았습니다. 그리고 '아 왜 나는 같은 사람인데 퇴계 선생처럼 그렇게 훌륭한 삶을 못 살았을까?' 하고 후회했습니다. 제가 옛날로 돌아갈 수는 없으니 앞으로 살날이 많은 여러분이라도 선비처럼 멋지게 살아갔으면 하는 마음으로 이야기를 들려드릴까 합니다.

여러분은 어떤 삶을 살고 있나요? 여러분 각자에게 이 세상에서 가장 소중한 것은 바로 여러분입니다. 여러분이 있기에 가족이 있고, 학교가 있고, 직장이 있어요. 우리는 모두 한 번밖에 살지 못합니다. 그래서 '이생', '삼생'이라고 하지 않고 '일생'이라고 하는 것입니다. 잘못 살았다고 다시 살 수가 없어요. 그럼 한 번밖에 못 사는 소중한 나의 삶을 어떻게 살아야 할까요? 멋지고 행복하게 살아야겠죠. 아무리 많은 돈과 권력과 명예를 가지고 있어도 행복하지 못하다면 잘못된 삶을 살고 있는 것입니다.

프랑스의 철학자 알랭은 『행복론』이라는 책에서 행복은 '인간이 반드시 지켜야 할 의무'라고 했습니다. 왜냐하면 내가 행복해야 나의 가족이나 친구, 직장 동료를 행복하게 대할 수 있기 때문입니다. 그런데 이 행복은 누구나 가질 수 있는 것입니다. 행복에는 티오TO가 없습니다. 서울은 100명, 대구는 20명, 안동은 인구가 적으니까 1명, 이런 식으로 티오가 정해진 것이 아닙니다. 누구든지 잘만 살면 행복한 사람이 될 수 있어요.

멋지게 산다는 것은 많은 사람과 더불어 존경을 받으며 살아가는 것입니다.

그럼 여러분은 행복한 삶을 살기 위해서 어떤 목표를 가지고 인생을 살아가야 할까요? 우선 여러분의 단기 목표는 대학 졸업과 동시에 취업하는 것이겠죠. 그런데 저는 첫 취업을 한 지 45년이 지났습니다. 취업 이후에도 이렇게 긴 인생을 살고 있고 앞으로도 얼마쯤 더 살 거예요. 그러니까 취업이 인생의 최종 목표가 될 수 없습니다. 취업 이후에도 인생은 계속 산 넘어 산이에요. 그 산이 어디까지 이어지냐면, 여러분의 인생이 끝날 때까지 이어집니다. 현재 한국인의 평균수명이 약 82세인데 2년에 1살꼴로 계속 늘고 있으니 여러분의 인생 후반부에는 110세를 훨씬 넘을 거예요. 이제 우리는 현실적으로 100-120세까지 산다고 생각하고 여기에 맞춰서 중장기 목표를 세워야 합니다.

그렇다면 우리가 가져야 할 목표는, 내가 평생 동안 몸담고 있는 가정, 직장, 사회 등 모든 곳에서 "당신이 필요합니다"라는 말을 듣는 것입니다. 여러분은 여러분이 가는 곳마다 남들이 필요로 하는 사람, 존경하는 사람이 되어야 합니다. 그것이 바로 행복한 삶, 멋지게 사는 삶입니다. 멋지게 사는 삶은 외모를 근사하게 가꾸고 내 배를 채우는 삶이 아닙니다. 내 배를 채워봤자 내 가족 누구도 배부르지 않아요. 멋지게 산다는 것은 많은 사람과 더불어 존경을 받으며 살아가는 것입니다.

이런 삶을 살려면 지덕체智德體를 겸비해야 합니다. 실력을 인정받고 훌륭한 사람으로 건강하게 사는 것이 멋진 삶, 행복한 삶을 살기 위한 전제 조건입니다. 그런데 멋진 삶, 행복한 삶을 살기 위해서 지덕체 중에서 가장 중요한 덕목은 무엇일까요? 이것을 알기 위해서는 우리의 삶을 잘 들여다봐야 합니다. 길고 방대한 우리의 일생을 한 번에 들여다보기는 쉽지 않으니 이해의 편의상 우리의 삶을 공동체에서의 삶, 일상생활에서의 삶으로 나누어 살펴보겠습니다.

먼저 공동체에서 행복한 삶을 살기 위해서는 공동체가 오랫동안 필요로 하는 사람이 되어야 합니다. 직장을 예로 들면, 부하 직원이 "아 저분은 오래 계셔야 할 텐데"라고 생각하는 사람, 동료나 상사가 "저분 정년이 얼마 안 남았어. 안타깝다"라고 말하는 사람이 되어야지, 입사해서 신입 사원 교육을 받고 부서에 배치될 때 "그 인사성 없고 성실하지 못한 사람 우리는 안 받겠다"는 말을 듣는 사람이 되어서는 안 됩니다. 내가 속한 크고 작은 곳에서 주위 사람들이 아주 오래도록 같이 있고 싶어 하는 사람이 되어야 공동체에서의 삶이 행복할 수 있습니다.

그렇다면 공동체에서는 어떻게 해야 사랑받을까요? 공동체에서 다른 사람들에게 인정받고 존경받기 위해서 중요한 것은 태도와 자세입니다. 미국의 한 통계에 따르면, 미국에서 소비자들이 백화점이나 은행 등의 거래처를 다른 곳으로 옮기는 이유의 68%가 "상대방 태도가 기분 나빠서"였습니다. 그래서 기업에서는 사람을 뽑을 때 인성과 태도를 중시합니다. 업무에 필요한 지식이나 기술은 입사 후 연수나 교육을 통해 가르칠 수 있지만 나쁜 태도와 자세는 쉽게 교정되지 않기 때문에 '우리는 지식이 부족하더라도 태도나 자세가 좋은 사람을 뽑으려고 한다'고 말하는 기업들이 많습니다.

가까운 사람과 사이가 좋아지려면 그 사람이 아니라 내가 바뀌어야 합니다.

그런데 직장 생활은 아무리 오래 하고 싶어도 정년이 되면 나올 수밖에 없습니다. 평균수명이 늘어서 직장을 그만두고 나와도 40-60년을 더 살게 되는데 이 시기를 우리는 어떻게 살아야 할까요? 이런 장수 시대에 출세보다도, 돈보다도 필요한 것은 옆에서 돌봐줄 누군가입니다. 많은 돈을 가졌다 한들 90세가 되면 비밀번호를 외우지 못하니 소용이 없고, 아무리 건강하다 해도 100세가 되면 혼자 병원 가기가 힘들고, 몸에서 냄새가 나도 혼자 목욕탕에 가서 목욕할 수가 없습니다. 누군가 옆에서 돌봐주는 사람이 있으면 나이 들어서 행복한 삶을 살 수 있습니다. 하지만 아무도 찾아오지 않고 거들떠보지 않으면 비참한 삶을 살다 생을 마치게 됩니다.

우리가 태어나서 죽을 때까지가 다 좋다면 더 바랄 나위가 없겠지만, 만약 인생의 세 시기를 청년 30살까지, 중년 60살까지, 60살 이후의 은퇴기로 나누고 여러분에게 그중에서 가장 행복하게 살 시기를 하나만 고르라고 한다면 여러분은 어떤 시기를 고르겠어요? 가장 행복하게 살아야 할 시기는 60살 이후의 은퇴기입니다. 사회에서 아무리 높은 자리까지 올라갔다 한들 은퇴 후에 아무도 거들떠보지 않는 그런 비참한 삶을 100살 넘어서 산다고 생각해보세요. 운동경기랑 똑같습니다. 8회까지 이기고 있었다 해도 마지막 9회 게임에서 뒤집히면 진 경기입니다. 그렇기 때문에 내 인생의 성패를 가르는 것은 노년의 삶이고, 그 노년의 삶이 성공적이려면 가까운 사람과의 관계가 좋아야 합니다. 노년에 가까운 사람과의 관계가 엉망진창이 되면 그 인생은 실패한 인생입니다.

지금 우리나라는 OECD 국가 중 11년째 자살률이 1위입니다. 그리고 자살률은 연령대가 높아질수록 더 높게 나타납니다. 우리 사회가 살면 살수록 살고 싶지 않은 사회라는 것을 반증하는 예인 셈입니다. 아마 특단의 대책이 없다면 앞으로 10년 후 노년층의 자살률은 더 높아질 것이고, 여러분이 노년이 되는 40-50년 후의 상황은 더 악화될 것입니다. 이 흐름을 막기 위해서는 노년층의 자살률이 높은 원인을 알고 대책을 강구해야겠지요. 학대받는 노인들을 대상으로 조사한 결과 학대받는 노인 중 85%가

가족에게 학대받고 있다고 답했고, 또 그들 중 과반수가 자신을 학대하는 가족으로 아들을 지목했습니다. 여기에서 중요한 것은 아들이냐 딸이냐가 아니라, 인생의 마지막 행복과 불행의 갈림길은 나랑 가장 가까운 사람에 의해 좌우된다는 것입니다.

그렇다면 가까운 사람과 사이가 좋아야 한다는 것인데, 가까운 사람과 사이가 좋아지려면 어떻게 해야 할까요? 바로 그 사람이 아니라 내가 바뀌어야 합니다. 지덕체 중에서 덕, 즉 가족을 대하는 나의 마음과 말과 행동, 나의 자세가 바뀌어야 하는 것입니다. 가족에게 바라기보다는 내가 먼저 가족을 위하고, 가족 간에 갈등이 있을 때 가족에게 잘못을 돌릴 게 아니라 내 자신을 되돌아보고 내가 태도를 바꾸고 내가 변해야 합니다. 이렇게 내가 변하면 가족과의 관계가 좋아지고, 행복한 삶을 살 수 있습니다.

'인간人間'이라는 것은 '사람과 사람 사이'라는 뜻이고, 사람은 혼자서는 살아가는 의미가 없습니다.

우리나라는 지난 반세기 동안 눈부신 발전을 했습니다. 우리가 지난 60여 년간 이룬 발전을 일컬어 '기적을 이뤘다'고 하죠. 자원과 자본이 부족한 상태에서 우리가 이런 기적을 이룰 수 있었던 것은 높은 교육열과 가족주의 때문입니다. 형제자매가 5명에서 10명에 이르던 50-60년대에는 가난 때문에 모두가 다 공부할 수 없으니 대표로 한 명만 공부시키고 온 가족이 똘똘 뭉쳐서 그 학업을 뒷바라지하며 헌신했습니다. 오죽했으면 아놀드 토인비라는 문명 사학자가 '죽을 때 한 가지만 가져가라고 하면 뭘 가져가겠냐?'는 질문에 '한국의 가족제도와 효 문화를 가져가겠다'고 답했을까요. 그 정도로 과거에 우리는 가족이 한마음 한뜻으로 살아갔습니다. 그런데 당시에는 우리나라만 그랬던 것이 아니라 우리와 앞서거니 뒤서거니 하며 경제 발전을 이룬 아시아의 여러 나라가 그랬습니다. 이 아시아의 국가들이 이룬 자본주의 발전의 원동력을 유교라고 보는 시각이 '유교 자본주의'론입니다.

그런데 오늘날 우리는 그 원동력을 상실했습니다. 신뢰와 헌신의 가치는 사라지고, 교육을 많이 받은 사람들이 서로를 잘 믿지 못하는 사회가 되었습니다. 열심히 일하려고 하기보다는 자기 몫을 챙기는 데 급급하고, 오직 경쟁에서 이기기 위한 지식 위주의 교육에만 혈안이 되어 있습니다. 그리고 가족애는 물질 만능 이기주의에 파묻혀버린 지 오래입니다.

이렇게 되면 경제성장도 멈출 수밖에 없습니다. 왜냐하면 성장이라는 것은 자원과 자본만으로 가능한 것이 아니기 때문입니다. 사람들이 서로 믿고 신뢰할 때 발전이 가능합니다. 그런데 지금 우리 사회에서는 대기업과 중소기업이, 높은 사람과 낮은 사람이, 모든 주체가 서로를 믿기보다는 각자 자기주장만 합니다. 또한 우리 사회의 고질적인 문제인 갑을 관계에서의 갑질도 근래 들어 더 성행하고 있습니다. 영원한 갑은 없습니다. 갑은 나중에 을이 되고 갑질 문화에서는 결국 모두가 피해자가 될 수밖에 없습니다. 이런 우리 사회의 폐단을 고치지 않으면 우리가 먹고 사는 문제도 점점 힘들어지고, 우리 모두가 지향하는 행복하게 사는 삶도 멀어질 것입니다. 그럼 이런 폐단을 어떻게 고칠 수 있을까요? 저는 그 실마리를 우리 조상들의 삶에서 찾을 수 있다고 생각합니다.

우리 조상들은 아주 가난하게 살았지만 더불어 사는 것을 아주 중시했습니다. '인간人間'이라는 것은 '사람과 사람 사이'라는 뜻이고, 사람은 혼자서는 살아가는 의미가 없습니다. 우리 조상들은 무엇보다도 인간관계를 중시했기 때문에 절대 남에게 함부로 행동하지 않고 스스로를 절제하고 남을 배려했습니다. 그렇기 때문에 작은 공동체인 가족은 화목했고, 큰 공동체인 사회는 안정됐습니다.

그런데 우리는 어떻게 살고 있나요? 우리는 경제적으로는 잘 살고 있지만 서로가 자기 입장만 내세웁니다. 우리가 이렇게 자기 입장에서만 처신한다는 것은 짐승과 다를 바 없이 살고 있다는 뜻입니다. 각자가 자기 입장만 생각하고 자기 욕망을 채우는 데만 급급하다 보니 결국 서로가 서로를 불신하게 되고 각자가 고립되어 가족들은 만나면 싸우고 사회에도 믿을 만한 사람이 없게 됩니다.

과거와 현재에 이런 차이가 생기게 된 원인은 교육에 있습니다. 과거에는 무엇보다도 먼저 인격을 닦아주는 공부를 시켰습니다. 돌이 지나면 아이는 엄마 품에서 할머니 무릎으로 옮겨져 조기교육을 받았습니다. 이때 가르친 것이 첫째, 옷 입고 밥 먹는 것과 같은 자기 할 일을 자기 스스로 하는 법입니다. 둘째, 더불어 살아가는 삶의 지혜입니다. 아무리 배가 고파도 어른이 먼저 드시기 전에 수저를 들지 말고 형제들과 사이좋게 나눠 먹어야 다른 사람들에게 인정받고 사람들과 잘 어울려 살 수 있다고 가르쳤습니다. 셋째, 기본적인 삶의 자세와 태도입니다. 흥부전 같은 이야기를 들려주며 '착하게 살아야 한다'고 가르쳤고, 손자에게는 할아버지가 천자문 같은 지식을 가르치기보다 마당쇠 교육을 시켰습니다. 밖에서 '이리 오너라' 하면 손자가 나가서 손님을 맞이하는 것입니다. 왜 귀한 손자에게 이런 마당쇠 교육을 시켰을까요? 손자가 나중에 커서 어떤 일이든지 다 할 줄 아는 훌륭한 사람이 되게 하기 위해서입니다. 그래서 손자, 손녀들은 할아버지, 할머니의 이불을 펴고 개고 요강을 비우는 일을 도맡아 하면서 불만을 가지기는커녕 할아버지, 할머니의 사랑을 느꼈습니다.

그런데 요즘 우리 사회는 어떻습니까? 아이들에게 지식만 가르치고 아이들이 원하는 것은 뭐든 다 해주려고 합니다. 그러니 집집마다 있는 왕자, 공주가 사회에 나오면 어떻게 되겠습니까? 이런 아이들이 커서 자기 이익만 챙기려고 하니 다른 사람들과 좋은 관계를 맺을 수가 없는 것입니다. 자기밖에 모르는 삶을 살기 때문에 결국은 모두가 다 불행한 삶을 살게 될 수밖에 없습니다.

선비들은 남들이 하기 싫어하는 근심, 걱정을 먼저 나서서 하고 즐거워할 일은 남보다 나중에 즐거워했습니다.

　우리가 지금의 부를 누리면서 행복하게 살기 위해서는 우리 조상들이 살아갔던 것처럼 인간관계를 돌아보면서 자기를 절제하고 남을 배려해야 합니다. 퇴계 선생이나 율곡 선생, 다산 선생처럼 솔선수범하고 학문과 처신이 일치한 훌륭한 선비들의 삶을 본받아야 합니다. 그럼 선비는 어떤 사람일까요? '선비'는 순 우리말이고, 한자로는 '선비 유儒' 자를 씁니다. 이 글자는 '사람 인人'과 '구할 수需' 자로 이루어져 있습니다. 바로 '구하는 사람'이라는 뜻입니다. 그럼 누가 구할까요? 선비는 세상이 구하는 사람입니다. 선비는 지식과 덕, 의리와 범절을 두루 갖춘 사람인 동시에 자기 이익을 위해서 날뛰지 않고 우리 모두가 가야 하는 방향으로 앞장서서 실천하는 사람이기 때문에 세상이 원하고, 필요로 하는 사람인 것입니다. 제가 앞에서 여러분께 행복한 삶, 멋진 삶을 살기 위해서는 공동체가 오랫동안 필요로 하는 사람이 되어야 한다고 말씀드렸지요? 선비가 바로 그런 사람입니다. 그렇기 때문에 여러분이 선비 정신을 배우고, 선비가 되어야 하는 것입니다.

　그럼 퇴계 선생을 통해서 우리가 배워야 할 선비 정신은 구체적으로 무엇일까요? 퇴계 선생은 어떻게 살았기에 그토록 많은 사람으로부터 존경받고 지금도 추앙받고 있을까요? 퇴계 선생은 학식도 아주 높았지만 그 학식을 그대로 실천했습니다. 사람들이 여기에 감동받은 것입니다. 퇴계 선생은 검소와 청렴을 실천했고, 무엇보다도 자신을 낮추고 상대방을 배려하고 섬겼습니다. 자기보다 높은 사람, 또는 자기와 비슷한 사람에게 낮추는 건 쉽지만 자기보다 낮은 사람에게 자신을 낮추고 상대를 섬기는 것은 결코 쉽지 않습니다. 우리는 퇴계 선생의 바로 이런 점을 배워야 합니다.

당시에 여성은 남성보다 낮았고, 신분 사회였기 때문에 천민과 종은 항상 낮을 수밖에 없었습니다. 또한 장유유서에 따라 나이 적은 사람이 나이 많은 사람보다 낮았습니다. 그런데 퇴계 선생은 자신보다 낮은 이들 모두를 섬기고 늘 자신을 낮췄습니다. 낮은 사람 입장에서는 높은 사람이 자신을 예우해주면 기분이 좋겠죠? 이처럼 나를 낮추고 남을 배려하는 삶을 살아갈 때 모든 사람이 나를 존경하고 추앙하게 됩니다.

이제 우리가 할 일은 선비 정신의 훌륭한 점을 배워서 우리의 삶 속에서 그것을 스스로 실천하는 것입니다. 배울 점이 많이 있습니다만, 지금보다 더 행복하게 살기 위해 가장 중요한 두 가지만 말씀드리겠습니다.

먼저 더욱 유능한 사람이 되기 위해 '충忠'을 배워야 합니다. '충'은 '가운데 중中'과 '마음 심心'이 합쳐진 글자입니다. 이는 정신이 '지금', '여기', 이 가운데에 오롯이 모여 육체와 정신이 함께하는 것을 뜻합니다. 만약 몸은 강의실에 있는데 정신은 다른 곳에 있다면 당연히 강의에 집중할 수 없겠죠? 유능함은 육체가 있는 '지금', '여기'에 자신의 정신을 집중하는 태도에서 오는 것입니다. 본인의 현재 상황에 정신을 집중하고 모든 역량을 쏟아 열과 성을 다하는 '충'의 자세로부터 유능함을 얻을 수 있습니다.

두 번째로 배울 점은 '서恕'의 자세를 실천하는 것입니다. '서'의 자세를 실천하려면 어떻게 해야 할까요? 선비들은 '서'를 실천하기 위해 좋은 것과 즐거운 것은 남에게 양보하고 남들이 하기 싫어하는 것과 꺼리는 것은 자신이 솔선하는 자세, 즉 선우후락先憂後樂을 중요시했습니다. 제가 여러분에게 마지막으로 가장 힘주어 강조하고 싶은 선비 정신이 바로 이 선우후락입니다. 선비들은 남들이 하기 싫어하는 근심, 걱정을 먼저 나서서 하고 즐거워할 일은 남보다 나중에 즐거워했습니다. 여러분이 선우후락을 실천한다면 여러분은 누구에게나 존경받고 어느 분야에서든지 최고의 자리에 올라갈 수 있을 것입니다. 하지만 남들이 하기 싫어하는 일을 먼저 한다는 것은 현실적으로 정말 어렵습니다. 그럼에도 불구하고 제가 여러분께 선우후락을 해야 한다고 강조하는 이유는 간단합니다. 첫째, 나만 똑똑한 것이 아니라 다른 사람들도 나만큼 똑똑하고, 둘째, 나만 양심적인 것이 아니라 다른 사람들도 나 정도의 양심이 있으며, 셋째, 인생이 길기 때문입니다. 인생이 짧다면 제멋대로 살아도 상관없겠지만 인생은 깁니다. 이 긴 인생에서 주변 사람들에게 존경받고 행복한 삶을 살기 위해서는 선우후락을 실천하는 방법밖에 없습니다.

이미 우리가 아는 것을 실천한다면, 선비처럼 멋지게 사는 길은 결코 어렵지 않습니다.

이제는 배운 것을 실천해야 합니다. 공동체가 필요로 하는 것을 내가 앞장서서 실천해야 합니다. 그렇다면 무엇을 어떻게 실천해야 할까요? 그 첫걸음은 자신의 인격을 닦는 수신修身에서 시작합니다. 행복해지고 리더쉽을 발휘하려면 존경받을 수 있는 인격을 먼저 갖춰야겠죠? 이때 생각할 것이 퇴계 선생이 강조한 '경敬'입니다. 경은 몸을 가지런히 하고 생각을 한곳에 모으는 것이지요. 늘 이렇게 하면 자연스레 자신을 낮추어 남을 배려하게 됩니다. 그렇게 할 때 우리는 비로소 자기중심적 자아에서 공동체 지향적 자아로 거듭나게 되는 것입니다.

그다음은 '제가齊家', 즉 가정을 잘 이끄는 것입니다. 요즘은 배우자와 자녀에게만 관심을 쏟는 경향이 두드러지는데, 이것은 짐승도 갖는 동물적 본능입니다. 사람이 짐승과 다르게 사람다우려면 부모에 대한 효와 형제간의 우애로 집안을 평안히 해야 합니다. 특히 진정에서 우러나는 효를 실천하면 존경은 저절로 따라옵니다.

『대학』의 실천 덕목에 따르면 제가 다음은 치국治國입니다. 요즘으로 말하면 직장 생활에 해당되겠지요. 앞서 말씀드린 것처럼 여러분은 직장에서 오래도록 필요로 하는 사람이 되어야 합니다. 그렇게 하기 위해서 필요한 덕목이 '충'과 '서'입니다. 또한 자신이 하는 일만 힘들고 중요하다고 할 것이 아니라 남이 하는 일도 존중할 줄 알아야 합니다. 그리고 남을 존중하는 그 마음을 칭찬으로 표현하면 상대도 보람을 느끼고 더욱 열심히 하겠지요? 더 나아가서 우리 사회 공동체를 위해서 봉사하는 '상부상조'를 실천하시기 바랍니다. 상부상조는 일방적인 베풂이 아니라 서로에게 오가는 나눔입니다.

선비처럼 멋지게 사는 길은 결코 어렵지 않습니다. 우리가 이미 아는 것을 꾸준히 잘 실천하면 됩니다. 여러분이 앞서 제가 말씀드린 바를 잘 실천하셔서 오래도록 필요한 사람으로 존경받으며 행복하게 사시기를 바랍니다. 끝으로 조선 시대의 한 유명한 정승의 말씀을 소개합니다. "몸으로 가르치면 모두가 따르지만 말로 가르치는 사람에게는 대든다." 내가 먼저 실천하고 솔선수범해야지, 잘난 척하면서 동생에게 잔소리해봤자 동생은 "언니나 잘해"라면서 대들 뿐입니다.

질문과 대답

행복한 삶을 살기 위해서는 공동체가 필요로 하는 사람이 되라고 하셨는데, 다른 사람의 필요에 맞춰서 저를 바꾸려고 노력한다면 저 자신으로서의 삶은 없고 다른 사람의 시선이 저를 채우게 되지 않을까요?

내가 나의 삶을 살아야지 남의 시선을 의식하는 삶을 살아서는 안 된다는 말씀에 전적으로 동감합니다. 나를 알고 내가 무엇을 하는 것이 가장 가치 있는지를 생각하면서 살아가는 것은 중요합니다. 그런데 그렇게 살아가면서 남을 전혀 의식하지 않고 내 멋대로 살아서는 안 되겠지요. 공부를 열심히 하는 건 좋지만 밤늦게까지 공부하면서 소리를 크게 낸다거나 하면 먼저 가족들이 싫어할 것이고 더 나아가서는 이웃들이 싫어할 것입니다. 내가 나에게 충실하게 살면서 남에게 피해를 끼치지 않고, 동시에 다른 사람들에게도 필요한 사람이 되어야 한다는 의미로 말씀드린 것이라고 이해하셨으면 좋겠습니다.

인생을 길게 보라고 하셨는데, 대학 생활을 하다 보면 "오늘 마시고 죽자" 이런 식으로 짧게 생각하는 경우가 많습니다. 선생님께서는 20, 30대에 이런 유혹들을 어떻게 이겨내셨는지 궁금합니다.

말씀드리기 부끄럽지만 저는 20, 30대에 '이런 사람이 되어야겠다'는 생각을 가지고 살지 못했습니다. 지금까지 살아보니까 그렇게 못 살아서 후회가 되는 거예요. 다만 제 20, 30대를 생각해보면, 인생의 큰 계획은 없었지만 저는 사람 간의 약속을 아주 중시했습니다. 약속한 상대가 누구든지, 저보다 시원찮은 사람이든, 저보다 높은 사람이든, 저를 띄워주는 사람이든, 저는 무조건 먼저 한 약속을 우선시했습니다.

그리고 저는 제가 중요하게 생각하는 더 큰 가치를 지키려고 노력했습니다. 일례로, 제가 예산 당국에서 예산을 지원하는 일을 하고 있을 때 제 친구는 공무원 보수를 담당하는 일을 했었는데, 그 친구가 공무원 월급을 올리자고 했을 때 저는 대한민국 예산을 알뜰하게 쓰는 것이 저에게 부과된 임무였기 때문에 어느 정도 선에서 더 이상 양보를 하지 않았습니다. 공무원 월급이 오르면 제 월급도 오르고 친한 친구의 입장도 나아지겠지만, 그건 제가 중시하는 가치에 위배되는 일이었으니까요. 그래서 그 친구가 저한테 섭섭한 얘기를 했었습니다.

길게 보고 멀리 본다는 것이 사람 간의 관계에 있어서는 먼저 한 약속을 중시하고, 일을 함에 있어서는 누가 뭐래도 나에게 부여된 일에 책임을 지는 것이 아닌가 합니다.

배움,
나에게 없는 것을
있게 하는 사건

신정근

신정근

○

서울대학교 철학과를 졸업하고 동 대학원에서 박사 학위를 받았다. 현재 성균관대학교 동양철학과 교수로 재직하고 있으며, 유학대학장 및 유교문화연구소장을 맡고 있다. (사)인문예술연구소를 운영하고 있으며, 웹진 『오늘의 선비』를 발행하고 있다. 주요 저서로 『동양철학의 유혹』, 『마흔, 논어를 읽어야 할 시간』, 『신정근 교수의 동양고전이 뭐길래?』, 『동양철학 인생과 맞짱 뜨다』, 『중용, 극단의 시대를 넘어 균형의 시대로』, 『공자의 숲, 논어의 그늘』 등이 있고, 역서로는 『유학, 우리 삶의 철학』, 『중국 현대 미학사』, 『소요유, 장자의 미학』, 『대역지미, 주역의 미학』 등이 있다.

공부라는 것도 우리가 어떤 자세로 다가가느냐에 따라 그 의미가 달라질 수 있지 않을까요?

오늘날 '배움'이라고 하면 여러분은 시험, 성적, 취업을 연상합니다. 이렇다 보니 '배움'이나 '공부'라는 말을 들으면 스트레스부터 받기 시작하고, 공부는 싫은 것, 빨리 끝내야 하는 것, 벗어나야 하는 것이라는 고정관념이 강하게 박혀버렸습니다. 시험 기간이 되면 집에는 도서관에 공부하러 간다고 하고 나와서 정작 도서관에는 자리만 잡아놓고 다른 데 가는 경우가 많습니다. 시험을 보려면 공부를 해야 하지만 도서관에 앉아 있을 마음이 생기지 않으니까, 공부하기 싫으니까 자리를 뜨는 거죠. 이것은 여러분만의 잘못도 아니고 대학만의 잘못도 아닙니다. 공부를 싫어하게 만드는 이 시대의 잘못이라고 할 수 있겠죠. 공부라고 하면 시험을 생각하고 대학 입시를 생각하고 취업을 생각하게 되었으니 '공부' 하면 치를 떨 수밖에요.

그런데 그렇다고 해서 우리가 시대만 탓하며 공부를 계속 싫어해야 할까요? 우리는 공부라는 것이 가까이 당겨 앉아 마주할 만한 것인지, 사랑할 만한 것인지 다시 한번 생각해보는 시간을 가져야 합니다. 우리가 공부라는 것에 공포를 느끼고 자꾸 밀어낸다고 해서 과연 공부로부터 해방돼서 공부를 안 해도 되고, 공부와 담을 쌓고 편하게 지낼 수 있을까요? 아니면 공부는 어차피 해야 하는 거니까 아무 생각 없이 시험 준비 하듯이, 취업 준비 하듯이 수동적으로 해야 하는 걸까요? 우리가 어떤 자세를 가지고 한 대상을 바라보느냐에 따라 그 대상의 얼굴이 달라집니다. 그렇다면 공부라는 것도 우리가 어떤 자세로 다가가느냐에 따라 그 의미가 달라질 수 있지 않을까요?

공자라는 사람은 『논어』의 제일 첫 편 제일 첫 장에서 이렇게 말했습니다. "학이시습지, 불역열호學而時習之, 不亦說乎?" 공부가 즐겁다는 건데, 왜 이렇게 말했을까요? 공자에게는 여러분하고 전혀 다른 뭔가가 있지 않을까 생각되는데, 그 이유는 차차 살펴보기로 합시다.

> 공부의 고통은 여러분이 지금까지 가져보지 못했던 것을 소유하게 해주고 그것의 주인이 되게 해줍니다.

손톱 밑의 가시, 설사, 공부의 공통점은 무엇일까요? 아프다는 것입니다. 손톱 밑에 가시가 들어가면 손이 아프고, 설사를 하면 배가 아프고, 공부를 하면 머리가 아픕니다. 아픈 곳은 다 다르지만 공부를 포함한 이 세 가지는 모두 고통을 수반합니다. 그런데 공부는 왜 고통을 수반할까요? 두 가지 이유가 있습니다. 첫 번째는 공부라는 것이 내가 가진 작은 것을 크게 만드는 과정이기 때문입니다. 여러분이 영어 공부를 하면서 단어를 외우는 것은 여러분이 가지고 있는 적은 수의 영어 어휘를 크게 늘리는 과정입니다. 작은 것이 커지려고 하니까 고통을 수반할 수밖에 없겠지요. 두 번째로 공부는 나에게 없는 것, 원래 내 몸에 없던 것이 내 몸으로 들어오는 것입니다. 손톱 밑에 가시 하나만 박혀도 고통스러운 것처럼, 내게 없던 것이 내 몸에 들어오는 과정에는 고통이 수반될 수밖에 없습니다. 이렇게 공부는 고통이 수반되는 것이기 때문에 여러분이 공부를 싫어하는 것은 당연한 일입이다.

그렇지만 고통에는 두 가지 얼굴이 있습니다. 하나는 좌절이고, 다른 하나는 성장입니다. 우리는 어떤 고통에 맞서서 더 이상 견뎌낼 수 없으면 좌절하게 됩니다. 그런데 우리가 어떤 고통을 이겨낼 수 있다면 그 고통은 우리가 성장할 수 있는, 한 단계 도약할 수 있는 디딤돌이 됩니다. '성장成長'의 '성'은 '이룰 성' 자고, '장'은 '자랄 장' 자입니다. 그러니까 이루고 나면 내가 한 뼘이라도 크는 겁니다. 성장이라는 것은 이루기만 하는 것이 아니라, 이루니까 그 결과 내가 한 걸음 앞으로 나아가거나, 무언가를 할 수 있는 역량이 조금이라도 늘어났다는 것입니다.

우리가 산에서 길을 잃거나 자동차를 몰고 가다 사고가 나는 경험을 처음 하게 되면 우리는 아득해짐과 동시에 어찌할 줄을 모르게 됩니다. 하지만 그런 경험이 두 번, 세 번 반복되다 보면 우리는 축적된 경험을 통해 여유를 갖게 되고 의연해집니다. 그러니까 우리가 고통을 극복한다는 것은, 고통의 아픔과 좌절감을 딛고 고통을 이겨낼 수 있는 힘을 기른다는 뜻입니다. 여기에 아직 사랑을 안 해보신 분도 있을 텐데, 사랑하면 좋을 것 같죠? 하지만 사랑해보신 분들은 아시겠지만 깊이 사랑하면 사랑할수록 아픕니다. 사랑을 달콤하고 달달한 맛으로 생각하는 사람에게 이 말은 다소 의외로 여겨질 것입니다. 왜 사랑하는데도 아플까요? 내가 사랑하는 사람을 내 마음대로 할 수 없으니까요. 보고 싶어도 보지 못하고, 함께 있고 싶어도 헤어져야 하니 그때마다 아프게 되는 것입니다. 사랑은 아픔을 수반합니다. 그래서 사랑을 한다는 것은 아픔을 받아들일 수 있다는 것입니다.

사랑과 마찬가지로 공부도 태생적으로 고통을 수반할 수밖에 없습니다. 그런데 그 고통이 오로지 그리고 영원히 고통이기만 하다면 그것은 여러분을 괴롭히는 가학적인 것에 그치고 말 텐데, 공부의 고통은 여러분이 지금까지 경험하지 못했던 다른 세계를 경험하게 해주고, 여러분이 지금까지 가져보지 못했던 것을 소유하게 해주고 그것의 주인이 되게 해줍니다. 공부는 여러분이 지적인 부자가 되게 해주는 것입니다. 여러분이 수영을 처음 배운다는 건 무슨 뜻인가요? 물을 먹는다는 뜻이지요. 물을 먹으면 기분이 좋나요? 물이 코로 들어갔을 때의 그 느낌을 떠올려보세요. 눈에서 눈물이 나고 머리가 띵해 정신을 차리기 어려울 정도로 고통을 겪습니다. 그걸 이겨내지 못하면 수영을 할 수 없지요. 그런데 코에 물이 들어가는 경험도 처음에는 머리가 띵하고 죽을 것 같지만 몇 번 겪어보면 견딜 만해집니다. 그리고 그 고통을 이겨내면 수영장의 50미터 레인을 왕복할 수 있는 능력이 생깁니다. 이처럼 무언가를 배운다는 것은 그에 따른 고통을 수반합니다. 그 고통의 문턱에서 주저앉고 좌절해버리면 나에게 찾아올 수 있는 또 하나의 세계, 내가 가질 수 있는 능력을 내 스스로 차단해버리는 것입니다. 공부라는 것은 나에게 넘을 수 없는 좌절만을 남기는 것이 아니라, 내게 무언가를 이루어 한 걸음씩 한 걸음씩 나아가는 경험을 하게 해주는 소중한 기회인 것입니다.

배운다는 것은 나에게 부족한 것을 충족하게, 풍부하게 만들고, 나에게 없는 것을 있게 하는 사건입니다.

서양 문화와 동양 문화의 특징을 개괄적으로 설명하면, 서양 문화는 기독교라는 유일신교를 기반으로 한 문화입니다. 이 유일신 문화에서는 나를 넘어선 절대적인 존재가 이 세상을 자기 뜻에 따라 만들었다고 하는 창조의 개념이 있고, 창조주와 피조물 사이에는 계약 관계가 있습니다. 유일신이 인류 개개인과 계약을 맺는 것이 아니라 인류의 조상이 훗날의 후손들을 대표해서 신과 계약을 맺는 것입니다. 이 문화권에 사는 사람은 그 계약을 파기할 수 없고, 계약에 따라서 심판을 받는 사후의 심판 문화가 있습니다. 유일신 문화를 이해하려면 창조와 계약 그리고 심판의 핵심 관념을 고려하지 않을 수 없습니다. 그러나 동아시아 문화에는 이런 창조적인 유일신이 없습니다. 대신 사람이 죽어서 신이 되는 조상신, 곡식의 성장을 주관하는 토지신과 곡식신과 같은 기능신, 바다와 산에 깃든 자연신 등이 있습니다. 이러한 다신들은 유일신처럼 세상을 창조하는 역량을 가지고 있지 않습니다. 동아시아에서는 이 세상이 5원소나 4원소, 또는 오행 같은 요소들의 상호작용을 통해 발생, 발전했다고 봅니다. 어떤 사람은 오행 중에서 목木의 비율이 높고, 어떤 사람은 쇠[金]의 비율이 높고, 어떤 사람은 수水의 비율이 높습니다. 그렇게 만들어진 존재는 이 세계에 대해서 책임을 집니다. 예를 들어 비를 내리는 것은 하늘의 역량이지만 비가 오지 않으면 어떻게 하나요? 기우제만 지내면 됩니까? 그렇지 않습니다. 기우제를 지내고 비가 오지 않으면 먹을 식량이 부족하여 사람들이 굶어 죽는 큰일이 생깁니다. 큰일을 막으려면 어떻게 해야 할까요? 저수지를 만들어야죠. 저수지는 누가 만듭니까? 인간이 만듭니다. 그러니까 이 세계를 운영하는 데 있어서 저수지를 만드는 것이 인간의 책임인 것입니다. 저수지를 만들지 않으면 자연이 주는 홍수, 가뭄의 피해를 그대로 떠안을 수밖에 없지만 저수지를 만들면 홍수와 가뭄이 주는 피해의 고통에서 벗어나게 됩니다. 이렇게 인간이 하늘, 땅과 마찬가지로 이 세계를 운영하는 책임을 제대로 지게 되면 많은 존재가 함께 살아갈 수 있는 공생의 세상을 누리게 됩니다. 동아시아 문화를 이해하려면 상호작용, 책임, 공생의 핵심 관념을 고려하지 않을 수 없습니다. 이런 측면이 동아시아의 자연신 문화와 서양의 유일신 문화의 차이점이라고 할 수 있습니다.

다시 『논어』의 첫 구절로 돌아가보면, "학이시습지, 불역열호"라고 했습니다. 만약 이 『논어』의 첫 구절이 유일신 문화에서 쓰였다면 첫 구절에 '신信'이라는 글자가 가장 먼저 쓰였을 겁니다. 믿음 이후에 시작한다는 거죠. 그런데 『논어』는 동아시아에서 쓰였기 때문에 '믿을 신' 자로 시작하는 것이 아니라 '배울 학' 자로 시작합니다. 신의 특징을 네 글자로 표현한다면 '전지전능全知全能'이라고 할 수 있을 텐데, '지知', 즉 앎에 대해서 완전하고, '능能', 즉 능력에 있어서도 한 치 모자람이 없다는 뜻입니다. 그런데 배운다는 것은 인간의 불완전성이라는 특성을 반영하는 것입니다. 내가 완전하지 않다는 것이죠. 그래서 앞에서 이야기한 것처럼 배운다는 것은 나에게 부족한 것을 충족하게, 풍부하게 만들고, 나에게 없는 것을 있게 하는 사건이라는 것입니다. 여러분이 길을 가다 돈 천 원을 주우면 기분이 어떻겠어요? 좋겠죠? 성년의 날 부모님이 선물로 스마트폰을 사주셨어요. 그럼 기분이 좋잖아요. 아르바이트를 갔는데 시급보다 돈을 더 줬어요. 그것도 기분이 좋겠죠? 나에게 없던 것이 나에게 들어오면 기분이 좋아요. 그래서 공자는 "학이시습지, 불역열호", 즉 '배우고 그것을 때때로 익혀서 그것이 내게 들어온다면, 그래서 내 것이 된다면 기쁘지 아니한가?'라고 한 것입니다.

아까 수영의 예를 들었는데, 수영 강습을 한 번 받는다고 수영이라는 기술이 내 것이 되나요? 그렇지 않습니다. 코에 물이 들어가고 물에 처박히기도 하면서 이 '시습', '때때로 익히는' 과정을 거쳐야 물에 뜨고, 앞으로 나아갈 수 있게 됩니다. 배영을 배우고 연습을 통해서 완전히 익히면 누워서 헤엄칠 수 있게 되잖아요. 그렇게 되면 바로 '기쁘지 아니한가?'라는 것이죠. '학이시습지'라는 과정 자체는, 내가 못하는 것을 할 수 있는 것으로 만드는 과정이기 때문에 고통스러울 수밖에 없습니다. 그런데 그 고통이 고통만을 안겨주는 좌절이 아니라, 내가 이루어서 한 걸음 앞으로 나아갈 수 있는 성장의 기쁨을 안겨준다는 것입니다.

공부라는 것을 통해서 우리 눈에 보이지는 않지만 또 하나의 세계가 열립니다.

배움이라는 것은 여러 가지에 비유할 수 있습니다. 우선 '컬티베이트cultivate', '경작'에 비유할 수 있습니다. 곡식은 땅에 심어두기만 한다고 자라지 않습니다. 뙤약볕에서 허리를 숙이고 노동을 해야 비로소 곡물을 얻을 수 있습니다. 곡물을 얻기 위해서 기꺼이 고통을 지불하는 것입니다. 그런 의미에서 '나'라고 하는 땅에 양식을 심어서 기르는 과정을 곧 배움이라고 할 수 있습니다. 또 배움은 독일어의 '빌둥bildung', 즉 '형성形成'에 비유할 수도 있습니다. '꼴(틀, 모습)이 이루어지다'라는 의미인데요, 내가 무엇을 할 수 있고 나의 개성이 무엇인지, 나는 어떤 사람인지 그 꼴이 갖추어진다는 것입니다. 나의 꼴이 갖추어지기까지 나는 다양한 경험을 하고, 엄마에게 떼를 쓰기도 하고, 학교에 다니면서 수많은 것을 배웁니다. 그런 과정을 통해서 '나'라고 하는 하나의 틀이 생기는 겁니다. 그리고 마지막으로 배움은 '휴머니티humanity', 곧 인격이라고 볼 수도 있습니다. 배움이 '인격'의 차이를 만들어내고, 나의 높이를 끌어올리는 것이죠. 배움을 통해 나는 다른 사람에게 피해를 주는 사람이 아니라, 다른 사람을 배려하는 사람, 위급한 상황에서 소중한 생명을 지키는 사람이 될 수 있다는 것입니다.

여러분은 '공부하면 뭐 하나?'라고 생각할 수도 있지만, 공부라는 것을 통해서 우리 눈에 보이지는 않지만 또 하나의 세계가 열립니다. 만일 여러분이 꽃꽂이를 배운다고 생각해보세요. 처음에는 이거 왜 하나 싶다가도 꽃꽂이를 해놓고 방에 두면 어떤가요? 아름답잖아요. 작은 꽃병 하나에서 아름다움이라고 하는 세계가 생겨요. 저는 대학에서 수많은 학생들의 자기소개서를 봐왔는데요, 제가 본 자기소개서 중에서 가장 감동적인 자기소개서는 공자의 자기소개서입니다. 『논어』에 보면 이런 이야기가 나옵니다. 섭공이라는 사람이 공자를 찾아와서 공자하고 인터뷰를 하기 전에 제자 자로한테 공자가 어떤 사람이냐고 물었는데, 자로가 대답을 못합니다. 제자가 선생을 이렇다 저렇다 말하기가 쉽지 않았기 때문이죠. 나중에 공자가 이 사실을 알았습니다. 공자가 자로에게 왜 이렇게 말하지 않았느냐고 하면서 다음의 16글자를 말합니다. "발분망식, 락이망우, 부지로지장지운이發憤忘食, 樂以忘憂, 不知老之將至云爾." '발분망식'은 내가 잘할 수 있다고 생각하는 일이 뜻대로 안 되니까 나 자신한테 화가 나서 밥 먹을 때를 놓쳐버린다는 것입니다. 밥 먹을 생각조차 못하는 것입니다. '락이망우'는 그러다 결국 풀어내면 그 즐거움이 일상의 근심 걱정을 잊을 수 있게 만든다는 것입니다. '부지로지장지운이', 그러면서 점점 나이 드는 것을 의식하지 못한다는 뜻입니다. 공자는 발분해서 스스로 찾아가는 어떤 세계, 끼니를 잊고, 근심 걱정을 잊게 하는 또 하나의 세계를 만들어낸 것입니다. 공자는 두 세계를 살고 있는 셈입니다. 생업의 세계를 살면서도 공부를 하다 보면 그러한 생업의 시름을 떠나 몰입할 수 있는 의미의 세계를 살아가고 있습니다. 꽃꽂이나 수영처럼 여러분이 어떤 취미를 하다 보면 또 하나의 다른 세계를 가지게 되잖아요. 그 세계를 공자가 창조해낸 것입니다. 이 세계는 생업이나 일상과 다른 방식으로 존재하기 때문에 느끼지 못하고 찾지 못하면 없다고 할 수 있습니다. 공자는 그 세계를 생생하게 느끼고 그 안에서 아름다움과 참됨을 찾았다고 할 수 있습니다. 그러니까 공자의 제자인 증자가 이렇게 말합니다. "군자이문회우, 이우보인君子以文會友, 以友輔仁." '문文'이라는 것, 즉 공부라는 것, 나를 점점 형성해주는 것, 나를 경작해주는 것, 나의 인격을 높여가는 것, 그것을 통해서 친구를 만날 수 있고, 그런 친구들과 어울리다 보면 세상의 아름다움을 더 넓힐 수 있다는 것입니다.

그래서 돈만 밝히는 세상이 아니라 또 다른 가치, 인문의 세계, 취미의 세계, 즐거움의 세계가 있다는 것이 공자가 하고자 하는 말입니다. 그 세계에 들어오느냐 들어오지 않느냐, 그 세계를 인정하느냐 인정하지 않느냐는 각자의 몫이지만, 그런 또 하나의 세계가 있다는 것을 여러분이 발견하게 된다면 삶에 지치고 힘들더라도 이 세계를 살아갈 수 있는 무한한 힘을 얻을 수 있을 것입니다.

우리는 이제 '공부' 하면 문제 풀이의 고통이 아니라 자신의 삶을 슬기롭게 헤쳐 나갈 수 있는 비장의 무기를 떠올리면 좋겠습니다.

사람은 살아가면서 다양한 고통을 겪습니다. 이렇게 겪는 고통 중에서 신체의 특정한 부위에 고통을 가져오지는 않지만 참으로 견디기 어려운 고통이 있습니다. 바로 무지無知의 고통입니다. 뭘 해야 할지 모르기에 마음이 늘 붕 떠 있고, 무엇을 하고 있어도 하는 건지 아닌 건지 분명하지 않습니다. 학교에서 문제를 풀 때도 어떻게 해야 하는지를 모르면 답답하고 갑갑합니다. 가슴을 쥐어뜯거나 크게 소리를 지르고 싶어집니다. 지금 당장 선택을 해야 하는데 결과의 불확실성에 대한 판단이 서지 않아 머뭇거릴 때, 모든 사람이 자신의 입을 바라보는데도 딱 부러지게 뭐라고 말할 수 없을 때 우리는 참담한 기분을 느낍니다.

이 모든 상황은 상황을 잘 모르고 정체를 파악하지 못하고 본질을 이해하지 못하기 때문에 일어나는 일입니다. 이처럼 무지하면 남의 말에 쉽게 속아 넘어가게 됩니다. 상대가 하는 말속에 들어 있는 허점이랄까 과장이랄까 하는 것들을 간파하지 못하니 상대의 말에 따라 끌려갈 수밖에 없기 때문입니다.

공부는 사람이 누구에게 조종되거나 이용되지 않고 지식을 가지고서 주체적으로 세상에 맞설 수 있는 바탕을 제공합니다. 누가 뭐라고 하더라도 자신이 스스로 옳고 그름을 판단할 수 있는 능력을 가지게 됩니다. 이 모든 것은 저절로 이루어지지 않습니다. 우리는 공부를 통해 나에게 아예 없거나 조금 있는 것을 내게 있게 만들 수 있습니다. 처음에는 알기 위해 고통스럽지만 알고 나면 무지의 고통에서 벗어나서 자신의 지혜로 세상에 맞서고 무너지지 않을 수 있습니다. 고생 끝에 낙이 온다는 고진감래苦盡甘來라고 할 수 있습니다. 우리는 이제 '공부' 하면 문제 풀이의 고통이 아니라 자신의 삶을 슬기롭게 헤쳐 나갈 수 있는 비장의 무기를 떠올리면 좋겠습니다. 이 무기가 있어야 주위의 위협에 맞서 자신을 지킬 수 있습니다. 나아가 이 무기로 지금보다 더 나은 삶을 설계할 수 있습니다. 이렇게 이 무기를 통해 나의 삶을 살찌우고 주위 사람들의 문제를 해결한다면, 공부는 사람이 지금보다 더 나은 삶을 살아가게 만드는 동력이라고 할 수 있을 것입니다.

질문과 대답

오늘 공부와 관련해서 공자에 대해서 말씀하셨는데, 혹시 서양 철학자의 사상 중에서 선생님께서 감명 깊게 생각하시는 것이 있을까요?

'동양' '서양'이 중요한 건 아닙니다. 소크라테스가 '너 자신을 알라'고 말했잖아요. 사실 이 말은 그리스의 아폴론 신전에 쓰여 있는 말인데, 이 말이 왜 중요하냐면 내가 가지고 있는 한계, 나의 정체를 모르고 있는 상태와 알고 있는 상태는 판이하게 다르기 때문입니다. 나를 안다는 것은 내가 어디가 부족하고 상대적으로 무엇을 잘하는지를 아는 것입니다. 그런 측면에서 나를 안다는 것이 또 하나의 출발점이 되는 것이죠. 예를 들어 성균관대에 '삼품제'라는 독특한 제도가 있습니다. 학점을 다 이수하더라도 '인성품, 정보품, 국제품'을 이수하지 못하면 졸업을 못하는 제도입니다. 이중 국제품을 이수하기 위해 영어를 잘하는 학생들은 일찌감치 토익, 토플 점수를 내는데 어학에 자신 없는 친구들은 공부를 미루고 또 미루고 끝까지 미뤄서 4학년이 돼서도 점수를 안 냅니다. 나의 영어 점수가 높은 것을 확인하는 것은 즐겁지만 점수가 형편없다는 것을 확인하는 것은 괴로우니까 피하는 거예요. 그래서 저는 수업 들어가면 1학년 때부터 시험이라도 한번 치라고 말합니다. 그래야 학교에서 요구하는 점수와 나의 점수 차이를 확인하고 차이가 많이 나면 1년 동안 준비를 하든지,

차이가 나지 않으면 바로 응시할 수 있으니까요. 자신이 어디에 있는지 알아야 합니다. 그래야 내가 뭘 배우고 어떤 방향으로 나아갈지를 알고 시작할 수 있습니다.

배움이라는 것은 동과 서를 떠나서 인간에게 주어져 있는 숙명과도 같은 것입니다. 우리가 신이 아닌 이상은 완전할 수 없습니다. 철학이라는 말은 영어로 '필로소피philosophy'인데, 여기서 '필로philo'는 '좋아하다'라는 의미이고 '소피아sophia'는 지혜입니다. '지혜를 좋아하다'라는 의미입니다. 여러분 한자로 '좋아할 호' 자가 어떻게 생긴 줄 아시죠? '호好'는 여자와 남자가 꼭 붙어 있는 모양입니다. 이유식을 갓 뗀 아기가 엄마, 아빠가 잠시라도 안 보이면 자신을 버린 줄 알고 불안해서 운다거나, 막 연애를 시작한 연인이 떨어져 있을 때 계속 스마트폰을 들여다보면서 서로 어디에 있는지, 뭘 하고 있는지 끊임없이 확인하면서 온라인상으로나마 붙어 있으려고 하는 것처럼, 좋아한다는 것은 붙어 있으려고 하는 것, 떨어져 있으면 불안한 것입니다. '필로소피아'라는 것은 지식을 좋아했다가 안 좋아했다가 하는 것이 아니라 죽도록 좋아하는 것입니다. 마치 로미오와 줄리엣이 서로를 좋아하는 것처럼, 서로 상대방이 없으면 그들의 삶에 의미가 없는 것처럼 말입니다. 그래서 저는 '필로소피'를 철학哲學으로 번역한 것은 잘못된 것이고 '호학好學'으로 번역해야 한다고 생각합니다. 글자 그대로 '필로소피'가 '호학'이라는 뜻이니까요. 『논어』를 보면 공자가 자신을 추어올리는 말들에 다 손사래를 치며 부인을 하는데 단 한 가지 '그렇다'고 인정하는 것이 바로 '호학'

입니다. 여기에서 '학'이라고 하는 것은 여러분이 싫어하고 두려워하는 시험이나 성적과 관련된 그런 문제풀이식의 배움이 아니라 실제로 우리의 삶을 풍요롭게 할 수 있는 배움과 공부입니다. 여러분이 공부라는 것을 나의 삶을 풍요롭게 만들 수 있는 방향으로 가다듬어나간다면 여러분의 성장에 큰 도움이 될 거라고 생각합니다.

선생님께서 말씀하신 공부를 미루고 있는 사람 중 하나입니다. 경영대학에서는 장학금을 받으려면 토익 점수를 내야 하는데 저는 토익 시험도 치기 싫고 재미없는 공부를 하고 싶지 않습니다. 제가 좋아서 하고 싶은 공부만 하는 것에 대해서 어떻게 생각하시는지, 사회가 원하는 공부와 제가 원하는 공부가 부딪힐 때가 있는데 그럴 때 어떻게 해야 하는지, 그리고 선생님은 이런 문제를 어떻게 극복하셨는지 궁금합니다.

모든 것을 갖추고 태어난 사람은 1%도 안 돼요. 부모가 없거나, 돈이 없거나, 집안이 불운하거나, 뭐든지 하나는 결여되어 있는 것이 인간의 조건이에요. 모든 것이 충족된 사람은 이 세상에 없습니다. 인간은 근원적으로 무언가가 결여되어 있는 상태에서 자신의 욕망을 이루려고 하는 존재입니다. 무언가가 없는 상태에서 자신의 욕망을 이루려면 그 무언가가 없는 상태를 극복해야죠. 그 상태를 극복하기 위해 아무런 대가도 지불하지 않고 다 가지려고 하는 것은 아이의 특성이에요. 우리가 지불해야 할 것이 있다면 지불해야 합니다. 뭐든지 공짜로, 쉽게 가질 수 없다는 현실을 직시해야 합니다. 이 세상에서 가장 행복한 것은 하고 싶은 일에 내 능력까지 따라주는 거죠. 하지만 하고 싶은 것과 잘하는 것, 해야 하는 것에 차이가 있는 것이 인간입니다. 그땐 우선순위를 생각하면 됩니다. 하고 싶은 것을 하다가 잘하는 것을 할 수도 있고, 잘하는 것을 하다가 해야 하는 것을 할 수도 있습니다. 사람은 한꺼번에 두 가지를 동시에 할 수 없지요. 한 번에 하나밖에 하지 못합니다. 그러니까 지금 당장 내가 하고 싶은 것과 내가 잘할 수 있는 것, 또 내가 해야 하는 것이 있을 때 무작정 다른 것들은 다 배제하고 오직 하나만 택해서 그것만 고집할 게 아니라, 그것들에 대한 개념을 세워서 생각해봐야 합니다. 개울 위의 징검다리처럼 사고에 개념을 세우면 문제를 잘 건너갈 수 있어요. 그렇지 않고 무턱대고 하나만 고집한다면 여러분의 사고는 빈약해지고 삶은 빈곤해질 수밖에 없습니다. 하나만 볼 것이 아니라 더불어 같이 보고, 개념을 가지고 판단하고, 주위의 친구들과 이야기하면서 생각을 나눈다면 지금 닥쳐 있는 갑갑한 상태에서 한 단계 진전된 단계로 나아갈 수 있을 거라고 생각합니다.

제 전공이 문화인류학이라서 사람도 많이 만나고 인터뷰도 많이 하는데 최근에 40-60대를 대상으로 인터뷰를 했습니다. 그분들께 20대로 돌아간다면 '무엇을 가장 하고 싶으시냐'고 물었더니 십중팔구 공부하고 싶다고 말씀하셨습니다. 그래서 '공부가 왜 하고 싶으시냐'고 여쭤봤더니 돈 같은 것은 잃어버리거나 사라질 수 있지만 지식은 그렇지 않다는 대답을 하셨습니다. 선생님은 공부를 왜 하시는지 궁금합니다.

　좋은 질문에 어리석은 대답을 드리자면, 저는 어영부영하다가 공부하게 됐습니다. 제가 사교성도 별로 없고, 달리 잘할 수 있는 것도 없어서 어쩌다 보니 계속 학교에 남아 있게 됐고, 그래서 공부를 하다 보니 지금 이 자리까지 왔습니다. 저는 언어에 대해 관심을 갖게 되면서 어휘를 하나하나 풀어내는 재미, 어휘와 사회의 관련성을 추적해나가는 재미로 공부해왔습니다. 말이라는 게 생명을 가지고 있어서 태어났다가 사라지기도 하고, 하나의 단어가 태어나면 그 단어가 가지고 있는 의미가 시대에 따라 달라지면서 새로운 의미를 만들기도 하지요. 그래서 저는 어떤 어휘가 가진 생명력에 대한 궁금증으로, 그 어휘가 죽지 않고 살아 있는 이유를 공부하는 재미로 지금까지 왔다고 말씀드릴 수 있을 것 같습니다.

　공부는 끝이 없고 지식이 방대하다는 생각을 합니다. 이 방대한 걸 왜 하고 있는가 하는 허무한 생각이 들 때도 많은데 선생님은 그럴 때 어떻게 극복하셨는지 궁금합니다.

　한계라는 건 여러 가지 차원으로 경험하게 되는데요, 먼저 체력적인 한계가 있을 거고, 지적인 한계도 있죠. 제가 대학 다닐 때 한 선배가 아주 박식하고 말을 잘했어요. 어떤 화제가 있으면 제가 뭔가를 말하기 전에 늘 그 선배 입에서 먼저 이야기가 줄줄 나오는 거예요. 제가 무슨 말을 할까 생각하고 있으면 그 선배는 벌써 줄줄 말하고 있어요. 그때 저는 '내가 진짜 머리가 나쁜가

보다'라고 생각했고, 제 한계를 느꼈어요. 또 인간이라면 근원적으로 만나게 되는 사태로 상실이 있죠. 부모님이 돌아가실 경우, 사귀던 애인이 떠나갈 경우 우리는 상실이라는 한계를 경험하게 됩니다. 이런 한계는 나만이 겪는 게 아니라 사람이라면 누구나 이런 한계에 직면할 수밖에 없습니다. 그런데 우리는 그런 한계에 부딪혔을 때 한계가 나에게 다가오는 걸 인정하지 않으려고 하고 심리적으로 그 한계를 밀어내려고 합니다. 한계를 만나면 그 한계를 똑바로 마주하고 이해하면서 내가 한 걸음 더 나아갈 수 있는 길을 찾아야지, 한계가 있다는 것 자체가 내가 모든 것을 그만둬야 할 이유가 되진 않습니다. 여러분은 살면서 수많은 한계에 직면할 텐데, 그 한계와 대면하고 한계를 넘어서기 위해서는 용기가 필요합니다. 우리는 흔히 용기를 아주 위험한 상황에서 발휘하는 특수한 미덕으로 생각하지만, 자신의 한계를 만났을 때 얼마나 자신을 일으킬 수 있느냐 하는 것이 바로 용기입니다. 이미 여러분은 여러분의 생활 곳곳에서 매번 용기를 발휘하고 있습니다. 아침에 정말 못 일어나겠는데 '그래도 일어나야지' 하면서 몸을 일으키는 것도 용기입니다. 여러분이 삶에 있어서 얼마나 용기와 짝을 하느냐가 여러분이 한계와 얼마나 잘 씨름하고 한계를 넘어서는지를 판가름할 기준이 될 것입니다.

절망을
희망으로
바꾸기

박홍규

박
홍
규

○

영남대학교 법학과와 동 대학원을 졸업하고 일본 오사카 시립대학교에서 법학 박사 학위를 받았다. 하버드대학교, 노팅엄대학교, 프랑크푸르트대학교에서 연구하고, 오사카대학교, 고베대학교, 리츠메이칸대학교 등에서 강의했다. 현재 영남대학교 교양학부 교수로 재직 중이다.『법은 무죄인가』로 한국백상출판문화상을 받았으며, 정보 사회에서 인문학의 필요성을 절감하여 인문과 예술 분야에서도 왕성한 저술 활동을 펼치고 있다. 주요 저서로『내 친구 빈센트』,『자유인 루쉰』,『꽃으로도 아이를 때리지 마라』,『조지 오웰』,『아나키즘 이야기』,『자유란 무엇인가』,『절망 속에서도 희망을』,『함석헌과 간디』 등이 있다.

그렇게 절망적인 삶을 살았는데도 빈센트 반 고흐가 자기 삶에 대한 연민에 빠져 허덕인 순간은 없었습니다.

빈센트 반 고흐는 20살에 첫사랑에 실패해서 크나큰 좌절을 맛본 후 37살에 생을 마감할 때까지 숱한 고뇌와 시련 속에서 수많은 절망을 경험합니다. 실패와 좌절로 얼룩진 삶 속에서도 희망의 끈을 놓지 않고 인류 미술의 역사를 근본적으로 뒤바꾼 위대한 작품들을 남긴 반 고흐의 삶과 예술 세계를 통해 여러분도 절망을 희망으로 바꿀 수 있는 힘과 용기를 얻기를 바라는 마음으로 여러분과 같이 반 고흐에 대해 이야기해볼까 합니다.

반 고흐는 평생 밀레를 스승 삼아 그림을 그렸습니다. 죽기 10년 전인 27살 때까지는 그림을 그려본 적도 없었고, 정규교육을 받은 것도 초등학교 2년, 중학교 2년, 이렇게 4년이 전부였습니다. 15살 때 학교에 흥미를 잃어 학교를 그만두고, 16살에 화방에 점원으로 취직해서 7년 동안 점원 생활을 하게 되는데, 이때 첫사랑의 실패를 경험하고 절망에 빠져 시름시름 앓다가 결국 23살 때 점원 생활을 접습니다. 그리고 임시 교사, 임시 목사 조수, 서점 점원 등 여러 직업을 전전하다가 아무도 가지 않는 광산의 임시 전도사로 가서 1년 정도 있다가 결국 거기서도 해직을 당합니다. 그리고 27살이 되어서 더 이상 해볼 일이 없을 때 반 고흐는 자기가 만났던 가난한 사람들을 그려보고 싶다는 열망으로 그림을 그리기 시작합니다.

요즘 '스펙, 스펙' 하는데, 반 고흐는 진짜 아무런 스펙도 없는 사람이었습니다. 내세울 만한 학력도, 경력도, 자격증도, 특기도, 아무것도 없었습니다. 그리고 그림을 그리기 시작한 27살부터 죽은 37살까지 화가 생활을 10년이나 했지만 그 당시에는 그림이 단 한 장밖에 팔리지 않았고, 아무도 반 고흐를 알아주지 않았습니다. 그러니까 반 고흐는 37년간의 인생에서 단 한 번도 인정을 받지 못했습니다. 심지어 가족으로부터도요. 평생을 가족도, 친구도 없이 그야말로 홀로 고독하게 산 사람이라고 할 수 있습니다. 그런데 그렇게 절망적인 삶을 살았는데도 반 고흐가 자기 삶에 대한 연민에 빠져 허덕이는 순간은 그가 쓴 그 수많은 편지 어디에서도 찾아볼 수 없습니다. 그래서 저는 반 고흐가 위대하다고 생각합니다.

오늘 여러분이 이렇게 산 사람도 있다는 것, 이렇게 나름대로 절망을 극복하면서 고통에서 벗어나려고 노력했던 사람도 있다는 것을 알아주셨으면 좋겠습니다. 여러분은 누구라도 최소한 반 고흐보다 나은 형편에 있고, 반 고흐보다 더 나아질 수 있는 가능성이 있는 젊은이들이라고 생각합니다. 그래서 여러분이 반 고흐 이야기를 참고삼아서 여러분의 삶을 좀 더 가치 있게 살았으면 좋겠습니다.

여러분도 직접 편지를 써보시기 바랍니다. 괴롭고 외로울 때 여러분 자신에게 편지를 써보면 그 괴로움과 외로움을 극복하는 데 많은 도움이 될 것입니다.

반 고흐는 7년 동안 화방 점원으로 일하면서 귀족들을 위한 밝고 알록달록한 그림들을 팔아야 한다는 데 대해서 회의하고 고뇌했습니다. 자기 주변의 사람들을 보면 대부분 가난하고 비참하게 살아가는데 자기가 파는 그림들은 그런 현실과 너무 동떨어져 있다는 사실에 괴로워했죠. 아까 말씀드렸듯이 첫사랑의 실패가 반 고흐가 화방 점원을 그만두게 되는 직접적인 계기가 됐지만, 보다 근본적인 고뇌는 그 시대에 대한 절망에 있었습니다. 반 고흐는 비록 학력은 낮았지만 대단히 독서를 열심히 했고 당시의 사회 부조리, 특히 런던이나 파리 같은 대도시의 빈익빈 부익부 현상, 말하자면 도시의 빈민들은 가난에 허덕이는데 일부 부자들은 너무나도 사치스럽게 살아가는 불공평한 모습에 고뇌하고 절망했습니다.

그러다가 결국 23살에 이런 알록달록한 그림을 파는 짓은 그만두고 가난한 사람들을 위해 봉사하는 종교인이 되겠다면서 임시 목사 조수도 했다가 이런저런 직업을 전전한 끝에 마지막에는 광산에 임시 전도사로 가게 된 것입니다. 반 고흐는 광산에서 임시 전도사로 일하는 동안 광산 사람들과 거의 생활을 같이하면서 자신의 옷과 급료 등 모든 것을 광부들과 나누고, 파업도 함께하고, 광산 사고로 광부들이 죽어갈 때는 그들을 돌봐주고 치료해주었습니다. 그러는 과정에서 반 고흐는 가난한 사람들에게 깊은 연민을 느끼게 됩니다. 이런 반 고흐의 모습을 보고 전도사로서의 품위를 지키지 못하고 거지처럼 산다고 못마땅해한 교회 측에서 반 고흐를 파면시키고, 임시 전도사 직에서 쫓겨난 반 고흐는 자신이 화방 점원으로 있을 때 그 어떤 그림에서도 보지 못한 이 착하고 가난한 사람들을 그림으로 그려보고 싶다는 열망에 불타오릅니다. 그러니까 반 고흐가 화가가 되겠다고 결심한 이유는 무슨 위대한 화가가 되기 위해서가 아니라, 단순히 가난한 사람들의 삶을 증언하기 위해서인 것입니다.

독학으로 그림을 그리기 시작한 반 고흐는 30살이 될 때까지 3년 동안 데생을 공부했는데 별다른 발전이 없었습니다. 당시 아주 독실한 기독교 목사였던 반 고흐의 아버지를 비롯한 가족들은 장남인 아들이 30살이 될 때까지 변변한 직장을 가질 생각은 하지 않고 전혀 발전 가능성이 없어 보이는 그림만 그리고 있으니 한심했겠지요. 그래서 반 고흐는 가족과의 갈등이 심했고, 가족과의 처절한 단절을 경험합니다. 반 고흐가 가족과의 갈등으로 괴로워할 때 동생 테오에게 보낸 편지를 보면 반 고흐가 느낀 절망과 좌절, 그럼에도 불구하고 역경을 이겨내려는 희망과 의지를 볼 수 있습니다.

싫든 좋든 나는 가족 가운데 다분히 비상식적이고 냄새 나는 존재, 여하튼 신용할 수 없는 인간이 되었구나. 그러니 내가 누구에게 어떻게 도움이 될 수 있겠니? 그래서 무엇보다도 내가 어딘가로 가버려 적당한 거리를 두고, 마치 존재하지 않는 것처럼 지내는 것이 바람직하며, 최선의 해결책이자 최선의 도리라고 생각하게 되었어. 새들에게 그들의 털을 잃게 되는 털갈이 계절이란, 우리들 사람의 경우 역경과 불행으로 괴로운 시기에 해당되겠지. 사람은 털갈이 시기에 멈출 수도 있고, 그로부터 다시 새롭게 태어날 수도 있지.
…

나는 신을 아는 최상의 방법은 많은 것을 사랑하는 것이라고 생각하지 않을 수 없어. 네가 좋아하는 어떤 친구든, 어떤 사람이든, 어떤 물건이든 사랑하는 것이라고.
…

이 감옥을 없애려면 어떻게 해야 할까? 모든 깊고 참된 사랑이 있어야 해. 친구가 되고, 형제가 되며, 사랑하는 것, 그것이 최상의 힘이자 신비한 힘으로 감옥을 열게 돼. 그것이 없다면 우리는 죽은 것과 같아. 그러나 사랑이 부활하는 곳에 인생도 부활하지(1880. 7.).

반 고흐는 절망에 빠지는 순간마다 항상 이렇게 편지를 썼습니다. 동생 테오를 비롯해서 여러 사람에게 편지를 썼는데, 대개 처음에는 자신의 처지를 비관하는 내용으로 시작하다가 마지막으로 가면 스스로 자기 정화를 하면서 절망을 극복하는 모습을 보입니다. 반 고흐가 생전에 쓴 수백 통에 달하는 편지들은 책으로 엮여서 많이 출판되어 있으니 한번 읽어보시기 바랍니다. '한 통의 편지가 이렇게 감동적일 수 있구나' 하는 걸 느끼실 겁니다. 그리고 여러분도 직접 편지를 써보시기 바랍니다. 괴롭고 외로울 때 여러분 자신에게 편지를 써보면 그 괴로움과 외로움을 극복하는 데 많은 도움이 될 것입니다.

가난한 사람들에 대한 자기 내면의 감동을 표현하는 것이 반 고흐가 처음 그림을 그리게 된 동기였고, 반 고흐는 죽을 때까지 그런 자기 자신의 신념에 충실하게 살다 죽습니다.

반 고흐의 10년간의 화가 인생은 전반기 5년과 후반기 5년으로 나눌 수 있습니다. 전반기 5년 동안은 자신의 조국인 네덜란드와 벨기에에서 그림을 그렸고, 후반기 5년 동안은 파리와 프랑스 남부 아를에서 그림을 그렸습니다.

먼저 전반기를 살펴보면, 반 고흐는 28살에 두 번째 사랑을 합니다. 이 두 번째 사랑은 먼 친척 과부인 케이 보스였습니다. 첫사랑 때 벙어리 냉가슴 앓듯이 혼자 바라보기만 하다 사랑에 처참하게 실패한 반 고흐는 케이 보스에게는 편지도 보내고 사랑을 고백하지만 거절당합니다. 이 케이 보스와 관련해서는, 반 고흐가 암스테르담에 있는 케이 보스의 집으로 찾아갔는데 가족들이 그녀가 집에 없다고 하자 촛불 위에 손을 얹고서 "제 손이 타는 동안만이라도 케이를 만나게 해주십시오"라고 말했다는 유명한 일화가 있습니다.

이렇게 극단적인 행동까지 하니 반 고흐의 아버지를 비롯한 가족들은 더욱더 반 고흐를 걱정하고 혐오하게 됩니다. 그래서 반 고흐를 정신병원에 넣으려고까지 하죠. 반 고흐는 이렇게 격렬하게 가족과의 갈등을 겪다가 나중에 창녀를 사랑하는 일까지 생겨서 가족과 완전히 결별하게 되고, 32살 이후로 죽을 때까지 부모를 만나지 않습니다. 그리고 동생 테오에게만 편지를 보내면서 결국 프랑스에서 혼자 쓸쓸하게 죽습니다.

반 고흐가 사랑하게 된 창녀는 반 고흐가 처음이자 마지막으로 그린 유일한 누드화인 〈슬픔〉의 주인공 시앵입니다. 시앵은 반 고흐보다 나이가 많았고, 다른 남자의 아이를 임신하고 있었습니다. 그 당시에는 피임 기술이 없었기 때문에 창녀들은 거의 매년 아이를 배고 출산하는 운명에 처해 있었고, 대부분 극단적인 빈곤 상태에서 허덕이고 있었습니다. 항상 가난한 사람들에 대한 연민이나 동정심에 불탔던 반 고흐는 임신하고 남자에게 버림받은 시앵을 보호한다는 의미에서 자기 집에 데려와 살았습니다. 시앵과 동거한 9개월 동안 역시 창녀인 시앵의 어머니와 할머니를 포함해 창녀 가족 5명이 반 고흐와 함께 살았습니다.

〈슬픔〉, 석판화, 38.5×29cm, 1882, 암스테르담 반고흐미술관

반 고흐는 화가 인생 전반기 5년 동안 네덜란드의 여러 도시와 농촌을 다니면서 가난한 사람들과 농민들을 많이 그리는데, 그 5년의 결산작이라고 할 수 있는 그림이 반 고흐가 33살에 그린 〈감자 먹는 사람들〉입니다. 18-19세기 유럽의 가난한 민중들의 주식이 감자였는데, 이 그림은 반 고흐가 남긴 그 시대에 대한 증언입니다. 이 그림에 대해서 반 고흐는 테오에게 보내는 편지에서 이렇게 이야기합니다.

내가 이 그림에서 강력하게 유도한 점은, 램프 밑에서 감자를 먹고 있는 이 사람들이 지금 접시 속의 감자를 찔러서 먹

〈감자 먹는 사람들〉, 캔버스에 유채, 81.5×114.5cm, 1885, 암스테르담 반고흐미술관

고 있는 그 손으로 대지를 팠다고 하는 점을 보여주려는 것이었어. 따라서 이 그림은 손노동을 보여주고자 하는 것이고, 그들은 자신들의 양식을 정직하게 얻었음을 보여주고자 하는 것이야(1885. 4. 30.).

그림을 그린 반 고흐의 해설인데 여러분은 이 해설에 동감하십니까? 이 그림에서 반 고흐는 어떤 미술적 표현 기법이나 미학적 차원에는 전혀 관심이 없고, 오로지 노동의 위대함과 숭고함, 자기 손으로 땅을 파서 먹고사는 농민들의 삶의 순결함을 보여주고자 한 것입니다. 그리고 바로 이것이 반 고흐의 그림에 대한 태도입니다. 반 고흐는 죽을 때까지 이런 식으로 그림을 그렸습니다. 자기가 믿는 바, 그리고 가난한 사람들에 대한 자기 내면의 감동을 표현하는 것이 반 고흐가 처음 그림을 그리게 된 동기였고, 반 고흐는 죽을 때까지 그런 자기 자신의 신념에 충실하게 살다 죽습니다. 그렇기 때문에 반 고흐가 위대한 것이고 그의 그림이 여전히 우리에게 큰 감동을 안겨주는 것이 아닐까 합니다. 여러분도 지금 여러분이 믿고 있는 어떤 순수한 신념에 좀 더 충실하기를 바랍니다.

　

반 고흐의 자화상에는 자신의 비참한 처지를 그림을 통해서 고양시키고 승화시키려는 의지, 고통을 이겨내려는 아픔이 있습니다.

이제 반 고흐의 화가 인생 후반기 5년을 보죠. 반 고흐는 1886년에 파리에 와서 2년 남짓 머물면서 세잔이나 고갱, 피사로, 툴루즈 로트렉 같은 인상파 화가들과 교류하며 그림을 그립니다. 반 고흐가 파리에서 그린 그림들을 보면 〈감자 먹는 사람들〉과는 화풍이 전혀 달라졌다는 것을 알 수 있습니다. 그림이 훨씬 밝아졌고, 인상파의 기법이 도입되었습니다. 그런데 기법상으로는 이처럼 큰 변화가 있었지만 반 고흐의 내면에는 별다른 변화가 없었습니다.

〈탕기 영감의 초상〉은 제목 그대로 반 고흐가 아주 좋아한 탕

〈탕기 영감의 초상〉, 캔버스에 유채, 92×75cm, 1887, 파리 로댕미술관

기 영감을 그린 그림입니다. 이 탕기 영감은 1871년에 프랑스에서 있었던 일종의 사회주의혁명, 아나키스트 혁명인 파리코뮌의 투사였는데, 화방을 경영하면서 반 고흐처럼 가난한 화가들에게 거의 무료로 화구를 제공해주고 또 그림을 팔아주었습니다. 가난한 예술가들의 정신적, 물질적 후원자였던 셈입니다. 그런데 이 그림에는 기법상 몇 가지 재미있는 부분이 있습니다. 그림의

〈밀짚모자를 쓴 자화상〉, 캔버스에 유채, 41×33cm, 1887, 암스테르담 반고흐미술관

〈펠트 모자를 쓴 자화상〉, 캔버스에 유채, 44×37.5cm, 1887, 암스테르담 반고흐미술관

배경을 보시면 일본의 채색 판화인 우키요에浮世繪가 그려져 있습니다. 반 고흐는 동양에 대단히 심취해서 중국 고전이나 일본 그림, 특히 불교의 영향을 많이 받았습니다. 이 그림의 배경을 이루는 우키요에는 그림자 없이 선, 면, 채색으로만 아주 화려하면서도 단순하게 구성되어 있고, 배경 앞의 인물에게도 동양화의 채색 기법이 원용되어 있습니다. 사실상 이 그림은 유화로 그린 동양화라고 해도 과언이 아닐 정도입니다.

반 고흐는 10년간 2,000여 점의 그림을 그렸고, 그중에는 40점이 넘는 자화상이 포함되어 있습니다. 자화상을 많이 그린 화가는 반 고흐 말고도 여럿 있지만 반 고흐의 자화상은 다른 화가들의 자화상과는 좀 다릅니다. 반 고흐의 자화상은 고통의 그림입

〈자화상〉, 캔버스에 유채,　　　　　　〈이젤 앞의 자화상〉, 캔버스에 유채,
42×33.7cm, 1887, 시카고미술관　　　 65×50.5cm, 1888, 암스테르담 반고흐미술관

니다. 다른 화가들의 자화상이 뭔가 잘나고 위용이 넘친다면 반 고흐의 자화상은 어딘지 초라하고 고통스럽고 고뇌하는 자화상입니다. 그리고 반 고흐의 자화상에는 자신의 비참한 처지를 그림을 통해서 고양시키고 승화시키려는 의지, 고통을 이겨내려는 아픔이 있습니다. 여러분이 보기에는 어떻습니까?

반 고흐의 그림은 노랑과 파랑의 그림입니다.

그런데 사실 네덜란드 시골을 다니면서 〈감자 먹는 사람들〉 같은 그림을 그리던 가난한 반 고흐에게 파리라는 도시의 부와 사치는 견디기 힘든 것이었습니다. 그래서 파리 시절은 반 고흐에게 대단히 괴로운 시절이었습니다. 결국 반 고흐는 파리 생활을 접고 프랑스 남부의 아를이라는 도시로 갑니다. 그리고 아를에서 1년 정도를 살면서 우리가 익히 잘 알고 있는 반 고흐의 대표작들을 거의 매일같이 쏟아냅니다.

〈노란 집〉은 반 고흐가 아를에서 살았던 집입니다. 지금은 파괴되고 없는데, 이 집 자체가 노랑이라기보다는 노랑이 반 고흐의 기본 색채입니다. '반 고흐의 그림은 노랑과 파랑의 그림이다'라고 생각하시면 될 만큼 반 고흐는 거의 모든 그림에서 노랑과 파랑을 썼습니다. 이 노랑과 파랑은 반 고흐가 자신의 내면을 가장 분명하고 강렬하게 표현하기 위해 사용한 색채의 대비가 아니었나 생각됩니다. 그리고 그 강렬함은 반 고흐의 신에 대한 의지, 정화와 초월의 의지를 반영하는 것이라고 저는 생각합니다.

반 고흐가 아를에 간 이유는 화가들이 이기적으로 서로 싸우고 경쟁하는 파리의 생활에서 벗어나서 자연과 전원 속에서 화가 공동체를 모색하기 위해서입니다. 반 고흐는 물가가 싸고 동양처럼 햇살이 가득한 남쪽에서 그 당시 가난하고 새로운 미를 추구했던 전위적인 화가들이 모여 보다 안정된 생활을 영위하면서 서로의 예술을 함께 나누며 살아갈 수 있는 공동체를 꿈꾸었습니다. 이미 19세기 말의 서양에는 그런 공동체가 파괴되고 없었습니다. 18-19세기 산업화 이후로 개인주의와 이기주의가 팽배했고 예술가들은 치열한 경쟁 속에서 각자 자기 삶에 바빠 공동체의 끈을 놓아버리고 연대의 기쁨, 환대의 즐거움을 모두 상

〈노란 집〉, 캔버스에 유채, 72×91.5cm, 1888, 암스테르담 반고흐미술관

실한 상태였습니다. 그래서 새로운 사회, 새로운 공동체를 꿈꾼 반 고흐는 아를에 가서 많은 화가에게 남쪽으로 오라는 권유의 편지를 계속 보냈습니다.

반 고흐의 권유에 답한 건 오로지 한 사람, 폴 고갱뿐이었습니다. 사실 고갱은 반 고흐의 그런 원대한 꿈에 동감해서 아를에 온 것이 아니라 반 고흐의 돈을 보고 온 것입니다. 반 고흐가 돈이 많았다기보다 동생 월급의 반을 받아서 생활하고 있었기 때문에 고갱에 비해 상대적으로 여유가 있었던 것이죠. 두 의자 그림에서 보시다시피 이 두 사람은 굉장히 대조적이었습니다. 고갱은

〈반 고흐의 의자〉, 캔버스에 유채,
93×73.5cm, 1888, 런던 내셔널갤러리

〈폴 고갱의 의자〉, 캔버스에 유채,
90.5×72.5cm, 1888, 암스테르담 반고흐미술관

대단히 남성적이고 외향적이고 자기중심적이었던 데 반해 반 고흐는 내성적인 고뇌형이었습니다. 그리고 반 고흐가 항상 자연을 그리려고 했다면 고갱은 장식적인 도화를 선호했습니다. 이렇게 서로 맞지 않았던 두 사람은 두 달 동안 계속 투닥투닥하다가 크리스마스 전날인 12월 24일 저녁에 사고가 터집니다.

이 사고에 대해서는 여러 가지 설이 있는데, 반 고흐가 고갱에게 '네가 그린 그림 속의 귀와 네 진짜 귀가 다르다'는 핀잔을 듣고 자신의 귀를 잘라서 그림에서 오려낸 귀 부분의 캔버스에 싸서 고갱이 창녀와 노는 곳에 가서 집어던졌다는 설도 있고, 최근에는 고갱이 펜싱을 하다가 실수로 반 고흐의 귀를 잘랐다는 설도 나왔습니다. 사실 반 고흐가 광기에 휩싸이기 시작한 이 시절

〈귀에 붕대를 감은 자화상〉, 캔버스에 유채, 60×49cm, 1889, 런던 코톨드갤러리

부터 자살하기 전까지의 약 1년에 관한 이야기는 정확한 것이 많지 않습니다. 아무튼 확실한 것은 귀가 전부 잘린 것이 아니라 귓불이 조금 잘렸다는 것입니다. 그리고 이 사건을 계기로 고갱과의 갈등이 불거집니다.

이 그림에도 우키요에가 나타납니다. 뒤에 후지산이 보이시죠? 후지산은 반 고흐에게 있어서 하나의 초월의 상징입니다. 극단적인 광기에 사로잡힌 이 순간을 어떻게 극복할 것인가 하는 고뇌와 함께 후지산 정상에 오르는 듯한 그런 초월의 의지 같은 것을 이 그림 속에 표현하고자 한 것이 아닐까 하고 저는 생각합니다.

앞으로 여러분이 살아가면서 혹시나 어떤 절망에 맞닥뜨리게 된다면 반 고흐를 기억하세요.

반 고흐의 그림 중에서 가장 유명한 그림은 그의 마지막 걸작이라고 할 수 있을 〈별이 빛나는 밤〉일 것입니다. 반 고흐가 생레미 정신병원에 입원했을 때 그린 그림으로, 이 그림에 대해서는 철학자나 종교인, 예술가, 소설가 등 수많은 사람이 글을 썼습니다. 별이 노랗게 빛나고 구름이 휘몰아치는 강렬한 파란 하늘 아래의 마을은 고요하고 평온해 보입니다. 마을에서 유일하게 불이 켜져 있지 않은 곳은 교회뿐입니다. 그리고 이 나무는 서양의 공동묘지에 가면 항상 볼 수 있는 사이프러스로, 전통적으로 무덤이나 애도와 연관된 나무입니다. 하늘까지 닿아 있는 이 나무는 결국 반 고흐가 하늘로 가는 길을 상징한다고 생각할 수 있습니다.

반 고흐가 마지막으로 그린 그림은 〈도비니의 정원〉입니다. 반 고흐는 마지막 생애의 두 달여를 파리 북부의 오베르 쉬르 와즈에서 보내고 거기에서 생을 마감하는데요, 오베르의 도비니라고 하는 화가는 반 고흐보다 조금 앞선 시대의 사람으로 반 고흐처

〈별이 빛나는 밤〉, 캔버스에 유채, 73.7×92.1cm, 1889, 뉴욕 현대미술관

럼 화가 공동체를 꿈꾸어서 집을 지었습니다. 그리고 그림에 보이는 이 정원을 만들었습니다. 도비니는 결국 화가들을 못 불렀는데, 반 고흐는 자신의 꿈을 이 도비니의 정원을 통해서 다시 한 번 표현하고 있습니다. 공동체의 꿈, 고독한 사람들의 연대에 대한 꿈이 반 고흐의 이 마지막 그림에 녹아 있습니다.

반 고흐의 삶을 통해서 여러분이 절망에서 희망 찾기라는 지혜를 어느 정도 얻으셨기를 바랍니다. 제가 생각하기에는 여러분 모두 아직까지 반 고흐가 경험했던 그런 정도의 절망은 겪어보지 않았을 것 같습니다. 앞으로 여러분이 살아가면서 혹시나

〈도비니의 정원〉, 캔버스에 유채, 56×101cm, 1890, 히로시마미술관

어떤 절망에 맞닥뜨리게 된다면 반 고흐를 기억하세요. 자기 연민에 빠지지 않고 항상 자기 자신과 대화하고 자기를 초월하면서 열정적으로 자기의 존엄성을 지키려고 했던, 그래서 미술사를 바꾼 위대한 화가로 역사에 남은 반 고흐처럼 여러분도 자기 자신의 미래를 훌륭하게 창조하시길 바랍니다.

질문과 대답

자기 자신에게 충실했던 반 고흐를 보면서 힘내며 살라는 의미로 20살인 저희에게 반 고흐를 소개해주신 거라고 생각하는데, 그렇게 자기

에게 충실하게 살았던 반 고흐는 왜 자살을 했을까요?

반 고흐의 자살에 관해서는 여러 가지 의문이 있습니다. 반 고흐의 마지막 그림은 대단히 희망적이고, 새로운 삶을 시작하려는 의지를 보여주는 그림이었잖아요? 그리고 반 고흐의 편지를 보나 어디를 보나 자살에 대한 생각이 거의 나오지 않습니다. 그래서 반 고흐가 권총 자살을 했다고 하는데 권총도 발견되지 않았고, 오베르 쉬르 와즈에 까마귀가 워낙 많았기 때문에 까마귀 사냥꾼의 오발로 죽은 것이 아니냐는 의견도 있고, 여러 가지 설이 분분합니다. 저도 반 고흐가 자살했다는 데 대해서 의문을 가지고 있는 사람 중 하나입니다. 설령 자살을 했다 하더라도, 저는 절망 때문에 자살했다고는 보지 않습니다.

반 고흐가 염세주의에 빠진 적은 없나요?

염세주의에 빠진 적이 많았죠. 사랑에 계속 실패하고, 또 자기 나름대로 대단히 숭고한 사랑을 한다고 창녀의 가족과 살면서 자기 가족에게 멸시당하고, 그림도 인정받지 못하고, 평생 세상을 비관할 만큼 비참한 처지에서 살았습니다. 하지만 그런 가운데서도 계속 어떤 희망을 찾고자 하는 노력이 반 고흐에게는 있었습니다. 우리 모두 그렇지 않나요? 우리도 때로는 염세적이잖아요. 우리는 늘 기쁜 것이 아니라 때로 슬프기도 하고, 슬픔을 이겨내기 위해서 뭔가 노력을 하고, 그러다 보면 또 슬픔이 찾아오고, 아마 사는 게 그런 걸 거예요. 반 고흐의 경우에는 그런 절망을 극복하고 초월하기 위해서 다른 화가들과의 공동생활을 추구한다든가 그림 속에서 자기 나름의 개성을 발휘하고자 끊임없이 노력한 것이죠. 절망을 극복하기 위한 그러한 노력이 반 고흐의 그림에 나타나고 있기 때문에 다들 반 고흐의 그림을 좋아하는 것이 아닐까요?

인문학도가
과학을
이해해야 하는 이유

이용주

이
용
주

○

광주과학기술원 기초교육학부 교수. 주요 저서로 『주희의 문화이데올로기』, 『생명과 불사 — 포박자 갈홍의 도교사상』, 『동아시아 근대사상론』, 『죽음의 정치학 — 유교의 죽음 이해』 등이 있으며, 역서로 『세계종교사상사 1』, 『중세사상사』 등이 있다.

유전자조작 작물의 보급은 농약을 적게 쓴다는 명목으로 확대일로에 놓여 있지만 현재까지의 과학은 그런 작물의 안전성을 충분히 검증하지 못하고 있습니다.

생명의 기본 설계도라고 알려진 DNA의 구조와 유전적 정보 전달의 메커니즘이 해명된 것은 1953년입니다. 그로부터 약 20년 후인 1972년, DNA 조작에 의한 유전자 개조와 조작이 가능해졌습니다. 그리고 다시 약 30년이 지난 2003년, 인간 게놈Genome의 해독이 완성되어 인간을 구성하는 유전자의 모든 구성을 이해하게 되었습니다. 앞으로 남은 일은 완벽한 인간 유전자지도를 작성하여, 유전자 개조와 조작을 통해 궁극적으로 인간을 개조하거나 만들어내는 것입니다. 유전자조작과 개조는 이미 농작물에 응용되고 있습니다. 유전자조작(GM) 작물은 전 지구적인 규모로 상업화되어 밀, 콩, 옥수수 등 인간의 필수 주식이나 소, 닭, 돼지 등 가축의 사료를 개발하는 데 널리 사용되고 있습니다. 제초제에 대해 내성을 가진 식물이나, 살충제에 대해 내성을 가진 감자, 옥수수, 토마토 등은 지금도 시장에서 쉽게 구할 수 있습니다.

그런데 유전자조작 작물의 보급은 농약을 적게 쓴다는 명목으로 확대일로에 놓여 있지만 현재까지의 과학은 그런 작물의 안전성을 충분히 검증하지 못하고 있는 것이 사실입니다. 그럼에도 불구하고 유전자조작 작물의 재배가 확대되는 이유는 무엇일까요? 소위 '과학적' 방법으로 유전자조작에 의해 재배된 작물의 안전성이 검증되었다고 선전하고 있기 때문에 과학을 무작정 신봉하는 시민들은 그 사실을 믿고 수동적으로 받아들이고 있는 것입니다. 유전자조작 작물의 안전성 검사에 사용되는 소위 '과학적' 방법을 전문가들은 '실질 등가'적 방법이라고 말합니다. 유전자조작에 의해 재배된 작물이 통상적 방식으로 재배된 작물과 마찬가지로 실험을 통해서 정상적으로 분해가 되면, 그 작물은 통상적으로 재배된 작물과 실질적으로 동일하다고 판단하는 것입니다. 그런 실험은 인공적으로 만든 위액을 사용하여 그 위액에서 식물이 어느 정도로 빨리 분해되는지, 그 정도를 측정합니다. 실험 결과, 통상적으로 재배된 작물과 유전자조작 작물의 분해도가 동일하기 때문에 유전자조작 작물은 보통 작물과 실질적으로 동등하고, 따라서 보통 작물과 동일한 정도로 안전하다고 판단을 내리는 것입니다.

하지만 유전자조작 작물이 알레르기나 암을 유발하는 유해 물질이 될 수 있는 가능성은 충분히 남아 있습니다. 유전자조작 작물이 정말 안전한지, 알레르기나 암을 유발하지 않는지를 확인하기 위해서는 유전자조작이라는 방법으로 재배된 작물 전체를 체크하지 않으면 안 됩니다. 당연히 그런 검사를 하려면 오랜 시간과 비용이 들어가겠죠. 따라서 여전히, 그리고 앞으로도 유전자조작 식품은 비용이 싸다는 이유만으로 안전성이 검증되지 않은 채로 유통될 것입니다. 그리고 유전자조작 식품을 먹느냐 먹지 않느냐는 개인적 선택의 문제로 축소되어버립니다. 현실적으로 유전자조작 식품이 더 맛이 좋다거나 영양가가 풍부하다는 이유로 그 식품을 사 먹는 사람은 없을 것입니다. 결국 경제력이 약한 서민들은 울며 겨자 먹기로 어쩔 수 없이 유전자조작 식품을 사 먹을 수밖에 없는 것이죠.

일반 시민들이 과학에 대해서, 그리고 사회의 운영 방식에 대해서 합리적 의심의 태도와 냉철한 비판 의식을 가져야 합니다.

우리는 제초제나 살충제에 대해 내성을 가진 작물의 유전자가 제초제나 살충제가 목표로 삼는 잡초나 곤충으로 이행하는 경우를 충분히 예상할 수 있습니다. 그렇게 된다면 결국 제초제나 살충제로 죽일 수 없는 잡초와 해충이 확산될 가능성도 얼마든지 있을 수 있겠죠. 그런 잡초와 해충이 번식하게 되면 결국에는 생태계 전체가 교란될 수 있습니다. 그런 여러 가지 예상 가능한 위험성에도 불구하고 유전자조작 작물의 긍정적인 효용만 강조되고 그것의 부정적인 폐해 가능성에 대해서 사회가 침묵하는 이유는 무엇일까요? 그것은 과학이 기업이나 자본의 논리를 부정하는 것이 쉽지 않기 때문입니다.

다른 한편으로 유전자조작에 의해 만들어진 종자는 작물로 성장하는 것으로 끝날 뿐, 씨앗을 맺는 종자를 만들어내지 못합니다. 말하자면 유전자조작에 의해 만들어진 종자는 일회성 종자, 즉 일종의 '불임' 종자라고 말할 수 있습니다. 그렇기 때문에 그런 유전자조작 종자를 사용하여 농사를 짓는 농부는 수확이 마무리되어도 수확된 씨앗을 내년의 농사를 위해 저장할 필요가 없습니다. 그 씨앗으로는 수확이 불가능하기 때문입니다. 따라서 농부는 매년 종자 회사에서 새로운 종자를 사 와야만 합니다. 농사를 짓기 위해서 농부는 종자 회사에 의존하지 않을 수 없게 되고, 결국 종자 회사가 농업을 지배하는 구조가 만들어지는 것입니다.

유전자조작 작물을 개발하는 기업 측에서는, 세계적인 식량 위기를 해결한다거나 값싼 종자를 보급하여 아프리카의 기아를 해결한다는 등의 그럴듯한 명분을 내세워 자신들의 상업적 의도를 감춥니다. 그래서 선량하고 순진한 시민들은 그들이 내세우는 명분에 쉽게 속아 넘어갑니다. 일반 시민들이 과학에 대해서, 그리고 사회의 운영 방식에 대해서 합리적 의심의 태도와 냉철한 비판 의식을 가져야 하는 이유, 비판적인 '과학적' 방법을 동원하여 세상을 바라보아야 하는 이유가 여기에 있습니다. 과학의 순수한 지적知的 태도, 나아가 과학이 이상으로 삼는 '가치중립성'이라는 이념은 과학이 자본주의적 경제 논리, 기업의 이윤 추구와 결합하는 순간 불가능한 꿈이 되어버리거나, 비판자의 눈을 속이는 속임수가 되어버리고 말 수 있습니다. 아무리 안전을 보증한다고 해도, 유전자조작에 의해 만들어진 작물이 환경이나 생태계, 나아가 인간의 건강에 전혀 부정적인 영향을 끼치지 않을 것이라고 생각하는 것은 지나치게 낙관적인 태도가 아닐 수 없습니다. 증명할 수 없기 때문에 받아들여야만 하는 것은 아닙니다. 신의 존재를 증명할 수 없다고 신의 존재를 무조건 받아들여야 하는 것이 아닌 것과 마찬가지입니다. 신의 존재를 선전하는 사람의 의도와 꼼수를 냉철하게 투시할 수 있어야 합니다. 마찬가지로 유전자조작 식품을 내세워 세계의 농업을 지배하려고 하는 종자 회사의 순수성을 신뢰해서는 안 됩니다. 비판적이고 합리적인 의심의 태도를 가지고 유전자조작 작물과 거리를 두는 것이 더 현명한 삶의 태도일 것입니다. 유전자조작 작물의 완전한 안정성을 증명하기 위해서는 '실질 등가'라는, 실험실 안에서나 통용되는 안이한 사고방식으로는 여전히 부족합니다. 게다가 유전자조작 작물의 세계적 확산이 완료되는 순간, 농업은 종자 회사의 손아귀 안으로 완전히 들어가고 말 것입니다. 기업이 지배하는 세상이 실현되는 것입니다. 세상을 단순하게, 단편적으로만 보지 않는 태도, 과학적 방법에 입각하여 합리적 의심의 눈으로 세상을 바라보는 능력을 기르는 것이 인문학의 원래 목표일 것입니다.

현대에 들어 과학과 기술은 필요를 충족시키는 역할에서 불필요한 필요를 자극하여 더욱더 많은 생산과 소비를 부추기는 역할을 하고 있습니다.

경험적 현상을 물리적 법칙이나 원리에 의해 설명하는 근현대 과학이 발전하면서, 과거에는 분리되어 독자적인 영역으로 존재하던 경험적 '기술'과 이론적 '과학'이 결합되어 불가분적인 일체가 되는 현상이 가속화되었습니다. 그리고 그런 기술과 과학의 결합으로 인해 인류 문명의 근대적, 현대적 전환이 가능해졌습니다. 근대 이후에, 자연의 '현상' 뒤에 숨겨진 보편적 '법칙'을 발견할 수 있다고 하는 과학의 독주와 독단이 시작되었고, 원리나 법칙의 관점에서 현상을 설명하는 데 그치지 않고 마침내 인간의 필요에 따라 자연을 개조하는 근대적 산업 문명이 자리를 잡고 오늘에 이르렀습니다. 18세기 무렵부터 시작된 산업혁명은 석탄 등의 화석 자원 에너지를 이용하는 기술을 적극 발전시켜 자연을 조작, 개조, 제작하기 시작했습니다. 산업혁명은 화석 자원에 의존하여 에너지를 획득하는 화석 자원 문명의 결과물이라고 할 수 있습니다. 그 이후 화석 자원 에너지의 사용이 극대화되어, 근대 산업 문명은 석탄, 석유, 우라늄 등 다양한 지하자원을 이용하는 문명을 극단적으로 발달시켰습니다.

근대와 현대는 결국 지하자원을 에너지로 이용하는 '화석연료 문명'이라고 이름 붙일 수 있습니다. 이런 '화석연료 문명'의 시작이 근대의 시작이며, 근대의 시작은 기술과 과학의 상호 자극과 상호 이용, 상호 심화에 의존하는 것이었습니다. 근대의 산업 문명은 지하자원이 무한히 존재한다는 전제하에 대량생산과 대량 소비의 시대를 열었습니다. 무한한 자원의 보고로서 자연은 동시에 대량 소비의 결과 발생하는 폐기물 역시 무한히 수용할 수 있는 무한 자연으로 여겨졌습니다. 20세기 중반에 들어와서 소비사회가 실현되었고, 그 결과 대량생산과 대량 소비, 나아가 대량 폐기는 더욱더 심화되었습니다. 이런 시스템은 이윤 추구를 절대 목표로 삼는 자본주의와 결합하여 무한한 확대를 꿈꾸며 현재에도 여전히 진행되고 있습니다.

  발전과 성장의 이념을 기반으로 한 소비사회는 쉽게 끝날 것 같지 않습니다. 왜냐하면 소비사회는 인간은 영원히 성장 발전할 수 있다는 이데올로기를 배경으로 확대일로에 있으며, 그런 이념은 대중의 잠재되어 있던 욕망을 깨우는 역할을 하기 때문입니다. 일단 깨어난 욕망은 쉽게 잠재워지지 않습니다. 소비사회에서 가진 자는 더 가지기 위해 온 힘을 다할 것이고, 가지지 못한 자는 가지지 못한 과거의 아픔을 치유하고 보상받기 위해 가지려고 발버둥 칠 것입니다. 그리고 이미 대량 소비에 길든 사람은 관행에 따라 계속 소비하기 위해, 아직 대량 소비를 맛보지 못한 사람은 대량 소비의 대열에 합류하기 위해 계속된 성장과 발전을 요구합니다. 그런 점에서 20세기와 21세기는 인간의 억압된 욕망이 진정으로 폭발하는 시대라고 규정할 수 있습니다. 기술과 과학의 결합으로 억눌려 있던 욕망의 판도라 상자가 열린 것입니다. 그리고 과학과 기술은 스스로 인간의 욕망을 충족시켜주는 역할을 할 수 있다고 공언합니다. 무엇이든 알 수 있고, 무엇이든 만들 수 있고, 무엇이든 파괴할 수 있다고 허풍을 떱니다. 그리고 최근에 와서 과학과 기술은 아직 존재하지도 않는 욕망을 자극하여 미래 욕망을 이끌어내는 방식으로 욕망의 견인차 역할을 기꺼이 수행하고 있고, 그런 역할은 창조적인 과학기술이라고 대중의 환호를 받기까지 합니다. 현대에 들어 과학과 기술은 필요를 충족시키는 역할에서 불필요한 필요를 자극하여 더욱더 많은 생산과 소비를 부추기는 역할을 하고 있는 것입니다.

인류는 지하자원에 기초한 근현대의 산업 문명을 이룩한 지 단 300년 만에 인류가 600만 년에 걸쳐 이룩한 모든 것을 송두리째 날려버릴 수도 있습니다.

그러나 21세기에 들어오면서 사태가 달라지기 시작했습니다. 한편에서는 여전히 자본주의적 욕망의 확대에 부응하는 세력이 힘을 발휘하고 있지만, 다른 한편에서는 자본주의적 성장 발전 이론의 지속 불가능성에 대해 말하고, 인류의 진지한 반성과 성찰을 요구하는 목소리가 커지기 시작했습니다. 인류는 바야흐로 지구의 유한성이라는 냉혹한 현실에 눈을 뜨기 시작했습니다. 지하자원 에너지의 보급자로서 지구는 유한하다는 사실이 더 이상 숨길 수 없는 진실로 부각되었습니다. 지하자원은 유한하다는 사실은 무한한 능력을 전제했던 근대 문명의 전환을 촉구하는 방향으로 나아갈 수밖에 없습니다. 지구는 무한한 능력을 가진 것이 아니라 유한한 자원을 가진 유한 지구인 것입니다. 1972년 로마클럽은 이미 '우주선 지구호'라는 구호를 내걸고 지구의 유한성을 자각해야 한다고 촉구했습니다. 지하자원은 유한하며 환경 폐기물을 수용할 수 있는 지구의 수용 용량도 유한하다는 것입니다. 1973년부터 시작된 석유 위기는 유한한 지하자원을 둘러싼 쟁탈전이라는 이면을 가지고 있다는 것을 우리는 잘 알고 있습니다. 석유 위기로 대표되는 에너지 위기는 결국 지구 문명의 위기로 이어집니다. 그러나 그 위기를 타개하기 위해 정치가들과 자본가들이 제안한 해결책은 전 지구적 규모의 글로벌화, 신자유주의로 대표되는 전 지구적 규모의 무한 경쟁 시스템의 구축이었습니다. 그런 전 지구적 규모의 무한 경쟁 시스템 안에서 지하자원의 이용을 가속화하는 '화석연료 문명'은 더욱 확대될 수밖에 없었습니다. 그리고 지구의 수용 능력은 마침내 돌이키기 어려운 한계에 도달하고 말았습니다.

근대 문명의 기초를 이루는 지하자원의 고갈이 이제 현실이 되었습니다. 지하자원의 무한 사용과 무한 폐기로 인해 지구 환경의 수용 능력도 분명한 한계에 도달했습니다. 지구온난화로 인한 환경 생태 위기가 지구 도처에서 보고되고 있습니다. 그럼에도 불구하고 대량생산과 대량 소비는 무질서하게 확대되고 있고, 멈출 줄을 모르고 진행됩니다. 그리고 거의 10년에 10억 명 수준으로 불어나는 인구 증가 속도 역시 지구의 유한성을 위협하는 중대한 요인이 되고 있습니다. 이런 식으로 나간다면 지구 문명은 앞으로 100년 이상 지속되지 못할지도 모른다는 암울한 전망이 도처에서 나오고 있습니다. 그리고 이러한 위기를 극복하기 위해 국가 간의 자원 획득 경쟁이 심화된다면 결국은 지구 도처에서 전쟁이 발생하고 그 전쟁으로 인한 희생자 역시 속출할 것입니다. 한편 전쟁이 아니라 환경의 파괴로 인해 목숨을 잃는 사람들 또한 속속 나타날 것입니다. 인류는 지하자원에 기초한 근현대의 산업 문명을 이룩한 지 단 300년 만에 인류가 600만 년에 걸쳐 이룩한 모든 것을 송두리째 날려버릴 수도 있다는 위기감이 현실이 되고 있습니다.

과학과 기술의 결합은 인류에게 헤아리기 어려운 이득을 가져다주기도 했지만 회복하기 어려운 폐해를 가져다주기도 했습니다. 하지만 이 시대가 직면한 문제는, 과학과 기술이 가져다준 이익을 누리고 칭찬하기에 급급하여 그것이 가져다준 폐해에 눈을 감는 것이 허용되지 않을 만큼 심각합니다. 편리함의 이득이 그 폐해를 직시하기 힘들게 우리의 눈을 가리고 비판 정신이 설 자리가 없도록 만들고 말지만, 그럼에도 불구하고 과학과 기술의 문제를 지적할 용기와 지성을 가지는 일이 우리 모두에게 요청되고 있습니다. 21세기에 들어오면서 더욱 심각해지는 환경 위기, 환경 파괴로 인한 기후변화, 지하자원의 무한 사용으로 야기되는 지구온난화와 공기 오염, 원자력발전 사고로 인한 방사능 유출과 토지의 불모지화, 나아가 방사능오염으로 인해 줄어드는 수산 자원…, 이 모든 일은 이미 수수방관해도 좋은 남의 나라 일이 아니게 된 지 오래입니다.

우리는 어느덧 낭비가 미덕이라는 자본주의 이데올로기에 길들여져버렸기 때문에 대량 소비를 포기하지 못하고, 대량 폐기에 무감각해집니다.

2011년 일본 후쿠시마에서 발생한 방사능 유출의 피해가 일본 영토에 한정되지 않는다는 것을 모르는 사람은 없습니다. 일본 농산물이나 일본 근해의 수산물을 수입하지 않는 것으로 방사능 공포에서 벗어날 수 있는 것이 아닙니다. 우리 인류가 원자력을 포기하지 않는 이상, 그와 유사한 사태는 앞으로도 '반드시' 일어날 것이고, 인류는 방사능 폐기물을 처리해야 하는 부담을 계속해서 짊어질 수밖에 없을 것입니다. 현재 우리가 할 수 있는 일은, 안전한 기술을 만들거나 장기간에 걸쳐서 방사능오염이 전 지구적으로 퍼져나가 희석되기를 기다리는 것밖에는 없습니다. 아무리 안전한 기술이라도 절대적 안전성을 담보할 수 없습니다. 그리고 지구는 하나이고, 아무리 멀리 가려고 해도 도망갈 곳이 없을 정도로 지구는 작습니다. 게다가 인간의 삶은 너무 밀접하게 엮여 있습니다. 방사능오염에 의한 피해가 제대로 복구되기 위해서는 적어도 100-200년의 시간이 걸립니다. 그래서 독일을 비롯한 선진국들은 원자력발전을 포기하는 선언을 하고 있으나, 아직 에너지 대안을 찾지 못한 상태에서 원자력발전을 선뜻 포기하기도 어려운 것이 현실입니다. 원자력발전은 반드시 대형 사고를 초래하지는 않는다고 해도, 방사능 폐기물을 미래 세대에게 전가하는, 말하자면 폭탄 돌리기의 위험성을 안고 있습니다. 현재 세대의 이익을 포기하기 어려워서 미래 세대에게 그 위험을 전가하고 있는 것입니다.

원자력발전은 석탄이나 석유와 달리 공기 환경오염이 적다는 이유로 1950년대부터 적극적으로 이용되기 시작하여, 1950-1980년대에 전 세계적으로 사용이 본격화되었습니다. 그러나 1979년 미국 스리마일 섬의 원자력발전소 사고, 1986년 소련 체르노빌 원자력발전소 사고, 그리고 2011년 일본 후쿠시마 원자력발전소 사고 등이 이어지면서, 원자력발전은 근본적인 재검토가 필요한 상황에 놓이게 되었습니다. 우리는 이대로 원자력 에너지와 공존할 수 있는가에 대한 근본적인 반성이 필요한 시점에 와 있습니다. 그런 반성은 결국 과학기술 문명에 대한 반성을 촉구하는 것으로 이어지게 됩니다. 지하자원에 의존하는 근대의 산업 문명은 지나치게 안이하게 과학과 기술을 삶에 적용해 왔습니다. 인간의 지식과 기술력으로 무한한 지구 자원을 손쉽고 안전하게 이용할 수 있을 것이라는 낙관주의가 근대 과학 문명의 특징 중의 하나이기 때문에 누구도 그런 안이한 적용 가능성에 의구심을 갖지 않았습니다. 에너지 덩어리인 석탄, 석유, 우라늄 등의 화석연료와 에너지 밀도가 높은 광물자원은 특별한 노력 없이도 손쉽게 이용할 수 있는, 채취와 정련에 드는 비용을 고려해도 확실히 효율이 높은 에너지원이었습니다. 더구나 소비가 확대됨에 따라 지하자원의 이용도 기하급수적으로 확대되었고, 그 결과 근대 문명의 수명 역시 가속적으로 짧아지게 되었습니다. 지하자원에 의존하는 기술은 대형화, 집중화, 단일화의 길을 걷습니다. 효율성을 높이기 위해서는 그 길밖에 없기 때문입니다. 대량생산을 통한 효율성 제고는 포디즘으로 상징되는 생산과정의 분업화를 낳았습니다. 그리고 그것은 설비의 대형화와 공정의 집중화, 단일화로 귀결될 수밖에 없습니다. 원자력발전에 의한 전력 생산 역시 같은 형태를 가질 수밖에 없습니다. 전력의 대량생산은 생산 비용을 낮출 수 있게 해주고, 소비자는 값이 싸진 물건을 손쉽게 교환하고 손쉽게 버릴 수 있습니다.

대량생산이 대량 소비를 자극하는 악순환이 이어지고, 지구는 오염되어갑니다. 물론 그런 악순환은 자본가의 입장에서는 당연히 바람직한 선순환으로 평가될 것입니다. 그러나 대량생산과 대량 소비의 확대에 의한 악순환은 결국 인류가 스스로 무덤을 파는 행위라는 것을 우리는 잘 알고 있습니다. 그런데도 우리는 어느덧 낭비가 미덕이라는 자본주의 이데올로기에 길들여져버렸기 때문에 대량 소비를 포기하지 못하고, 대량 폐기에 무감각해집니다. 이익을 최대한으로 확대하려는 시장주의적 사고가 이 시대의 지배 이념이 되어 시민은 위기에 무감각해지고 마는 것입니다. 시장주의적 사고에 영합하는 것이 개인의 능력의 표지가 되어버린 시대에 그 길에서 벗어나는 것은 거의 불가능해 보입니다.

무한한 욕망의 발산과 충족이 예찬받는 근대적 가치 대신에 욕망을 억제하고 조절하는 것이 바람직하게 여겨지는 새로운 문화가 만들어져야 합니다.

지하자원에 의존하는 근대의 과학기술 문명이 막다른 길에 접어들고 있는 상황에서 인류는 살아남기 위해서 필연적으로 지하자원 에너지에 대한 의존을 완화시키고 그 대신에 지상에 널려 있는 자원을 이용하는 방향으로의 전환을 이루지 않을 수 없습니다. 이미 전 세계의 과학자들은 지상에 거의 무한히 쏟아지는 태양광, 태양열, 바람, 물, 바닷물, 지열, 식물과 동물 등 지상의 에너지 자원을 이용하기 위해 온갖 노력을 기울이고 있습니다. 지상의 자원은 태양과 지구가 존재하는 동안 이용할 수 있는 거의 무한한 에너지원입니다. 그리고 그것은 자연에서 채취하여 사용하고 안전하게 자연으로 되돌려준다는 의미에서, 환경과 생태 자연에 대해 부하가 적습니다.

그러나 지상에서 얻을 수 있는 자원은 지하자원과 달리 실제로 인간이 사용할 수 있는 에너지로 전환하는 데 많은 비용이 듭니다. 지상 자원은 지하자원보다 훨씬 더 에너지 밀도가 낮기 때문에 효율성이 떨어진다는 뜻입니다. 그리고 지상 자원은 자연 상태에 의존하기 때문에 에너지원으로서의 안정성도 떨어집니다. 따라서 대량생산과 대량 소비를 이념으로 삼고 효율성을 제일 가치로 삼는 현재의 경제 시스템과 어울리기 어렵습니다. 즉 지상 자원을 에너지원으로 활용하게 되면 결국 인류가 근대산

업사회가 구축한 자본주의적 생산 소비 방식을 유지하기 어렵다는 것입니다. 지상의 에너지원에 의존하는 새로운 문명은 근대의 과학기술 협력 체제가 구축한 생활 방식을 포기하는 방향으로 나아가지 않으면 안 됩니다. 인간의 욕망을 억제하는 방향으로의 문명 전환이 요구되는 것입니다.

기술이 아무리 발전한다 해도 지상의 에너지원을 이용하여 현재와 같은 규모의 대량생산, 대량 소비 문명을 만족시키는 것은 불가능할 것입니다. 따라서 대량생산 시대의 중앙집권적 관리 체제에서 벗어나서 지방분권적인 자립의 정신을 양성해야 합니다. 지속 가능한 미래를 만들기 위해서는 대량 소비, 낭비의 습관을 교정하려는 시민의 자각과 훈련이 반드시 동반되어야 합니다. 문명의 전환은 인식의 전환과 삶의 태도의 전환을 함께 요청하는 것이기 때문입니다. 소형화, 분산화, 다양화된 기술은 자연재해 등 위기가 발생했을 때 큰 힘을 발휘할 수 있습니다. 지상자원을 활용하는 새로운 문명을 만들기 위해서는 근대적 과학기술과 근본적으로 다른 새로운 과학기술을 개척해야 합니다. 에너지의 위기, 환경의 위기를 계기로 새로운 과학, 기술 문명이 전개될 가능성이 새롭게 열린 것입니다. 무한한 욕망의 발산과 충족이 예찬받는 근대적 가치 대신에 욕망을 억제하고 조절하는 것이 바람직하게 여겨지는 새로운 문화가 만들어져야 합니다. 그런 새로운 가치관을 실현시키는 새로운 문화로서의 과학기술을 회복해야 합니다.

건강한 과학 발전을 위해서 과학의 공적과 과오, 과학의 가능성과 한계를 정확히 이해해야 합니다.

그러나 그런 전환은 하루아침에 이루어지지 않습니다. 부분적으로 그런 문명 전환의 가능성과 필연성을 예견하는 비전들이 싹트고 있지만, 아직은 요원한 미래의 과제로 존재하고 있을 뿐입니다. 근대적 욕망과 과학기술의 맹목적 가치의 결합은 아직은 확고합니다. 따라서 가치관의 근본적 전환, 새로운 문명의 전환을 이루기 위해서 근대적 의미의 과학과 기술을 통제하고 비판하고 성찰하는 시민의 과학 이해력이 높아져야 할 필요가 있습니다.

과학 숭배, 과학 미신에서 벗어나기 위해서 우리는 과학의 가능성과 한계를 공정하게 평가하는 안목을 길러야 합니다. 과학의 양면성을 제대로 바라볼 때, 과학이 인류에게 가져다준 은혜를 제대로 평가하고 과학이 인간에게 가져다줄 위험을 판단할 수 있습니다. 인간의 삶을 영위하는 데 필요 불가결한 요소가 된 과학에 대한 제대로 된 이해가 비판적 사고를 가능하게 합니다. 20세기 초의 미신 비판이 과학에 근거한 것이었다면, 21세기의 미신 비판은 과학 숭배를 넘어서는 이성적 태도를 기르는 방향으로 나아가야 합니다. 이성적 합리주의에 근거하여 발전한 과학이 자본, 권력과 결합하면서 비이성적 방향으로 나아가고 있는 것은 아닐까요? 과학 미신을 넘어서 과학적 방법의 본질을 이해하는 것은 건강하고 행복한 인생을 만드는 지름길입니다. 공룡화되고 대형 교회화한 과학을 바로 보아야 합니다. 건강한 과학 발전을 위해서 과학의 공적과 과오, 과학의 가능성과 한계를 정확히 이해해야 합니다. 종교를 정확히 이해해야 미신적인 태도를 가지지 않으면서 종교의 건강한 가르침을 통해 삶을 건강하게 살아낼 수 있는 것과 같은 이치입니다. 과학도라고 해서 반드시 과학의 의미를 이해하는 것은 아닙니다.

'합리적 의심'에서 출발하는 지식 활동으로서 과학은 인류의 역사에서 대단히 중요한 역할을 해왔습니다. 객관성을 모토로 삼는 관찰과 관측, 가치중립을 지향하는 실험과 검증의 체계적인 지식 획득의 프로세스는 오늘날에도 과학에서 여전히 중요한 가치로 남아 있습니다. 그러나 절대적인 객관성은 존재할 수 없고, 완전한 가치중립성이란 인간으로서는 도달할 수 없는 목표라는 사실을 완전히 망각해버릴 때, 과학은 이성적 인식의 한계를 넘어서는 탈과학의 영역으로 나아갑니다. 그리고 거기에서 과학을 과학으로 추동해온 가치인 '합리적 의심'의 가치는 무너지기 시작합니다. '합리적 의심'에서 출발하는 반성적인 인간의 지식 활동이어야 할 과학이, 완전히 객관적이고 절대적으로 가치중립적이라는 착각을 지고의 가치로서 내면화하는 순간, 과학은 스스로가 절대적인 진리를 발견하고 실천한다고 하는 자기기만적인 착각에 빠져듭니다. 합리적 의심으로서의 과학이 아니라 과신으로서의 과학, 신앙과 맹신으로서의 종교적 과학, 즉 미신으로서의 과학으로 나아가게 되는 것입니다. 여기서 과학의 타락이 시작된다고 해도 과언이 아닙니다.

시민의 깨어 있는 정신, 시민의 '비판적 의심'의 태도가 성장해야 과학의 타락을 막을 수 있습니다.

이제 과학은 과학자의 일에 그치지 않습니다. 과학을 이해하는 것은 지성인의 책임입니다. 현대사회에서 시민은 과학과 사회의 관계에 대해 분명한 의식을 가져야 합니다. 과학이 과학 자체나 과학자 집단을 위해 존재하는 것이 아니라 사회를 위해, 시민을 위해 존재한다는 사실을 정확히 자각할 필요가 있습니다. 과학에 연구비를 지원하는 주체는 국가가 아니라 사회이고, 시민입니다. 시민의 감시, 사회의 감시를 벗어나는 과학 본연의 가치란 존재하지 않습니다. 과학은 문화입니다. 과학은 문화의 일부이고, 과학 활동이 속하는 문화의 영향권 안에 놓입니다. 우리는 문화를 숭배하지 않습니다. 삶의 총체로서 문화는 향수하고 가꾸어가야 할 대상이지 숭배의 대상이 될 수 없습니다. 문화는 시대와 더불어 변하는 것이고, 어느 시대의 문화가 더 우위에 있다고 말할 수 없습니다. 시대의 정서와 시대의 변화를 수용할 수 없는 문화는 도태되거나 변화합니다. 과학 역시 문화의 일부로서 사회와 시민의 요구를 수용할 수밖에 없습니다. 시대의 정서가 달라지고 시대의 요구가 달라지면 과학 역시 변해야 합니다. 문화로서 종교도 그렇게 변해왔습니다. 과학이라고 다를 것이 없겠죠. 따라서 과학은 숭배의 대상이 아니라 누리는 대상이고 문화로서 다듬어가야 할 대상입니다.

종교 역시 마찬가지입니다. 문화의 일부로서 종교는 문화를 지배하는 특권적인 무엇이 아닙니다. 그러나 과거 인류사에서 종교는 문화 바깥에서 문화를 지배하고 군림하는 실수를 저질렀습니다. 오늘날 과학은 과거 종교가 저질렀던 오류를 반복하려고 하는 것은 아닌가 걱정이 됩니다. 종교가 타락했던 것처럼 과학 역시 타락할 수 있습니다. 과학이 비판적 의심의 합리적 정신을 망각하면 과학은 타락의 길로 접어들 수 있습니다. 시민의 깨어 있는 정신, 시민의 '비판적 의심'의 태도가 성장해야 종교의 타락을 막을 수 있고, 나아가 과학의 타락을 막을 수 있습니다. 과학을 숭배하지 말고 과학을 이해해야 하는 이유가 여기에 있습니다. 과거의 일부 깨어 있던 종교가들이 스스로의 과오를 고백하면서 종교의 독단에서 벗어날 수 있었던 것처럼, 과학자 역시 스스로 과학의 '오라'를 거두어들이는 겸허함과 솔직함이 필요합니다. 그리하여 대중들과 함께 과학의 본질, 과학의 핵심을 쉬운 언어로 소통하려는 노력을 기울여야 합니다. 난해한 라틴어 성서를 대중적인 속어로 번역하려고 했던 종교개혁자들의 선례를 기억할 필요가 있습니다.

과학자들은 사회가 지지하지 않는 과학은 존립할 수 없다는 사실을 잊어서는 안 됩니다. 너무도 숭고하여 대중과 소통할 수 없고, 너무도 고귀하여 세상으로 내려올 수 없는 과학은 결국은 사람들에게 잊혀지고, 거부당하고, 버려질 것입니다. 과학의 사회적 책임감을 자각해야 합니다. 동시에 과학에 대한 시민의 '합리적 이해'와 '합리적 의심'이 과학자의 사회적 책임감을 증대시키는 힘으로 작용할 수 있습니다. 자기를 신격화하려는 종교에

속지 않아야 하듯, 자기를 절대화하려는 과학에도 속지 않아야 합니다. 과학화하려는 종교, 종교화하려는 과학, 그 둘은 모두 속임수입니다. 좀 더 이성적이고 좀 더 '과학적'이 되어야 합니다. 스스로 비판적으로 생각하는 능력을 길러야 합니다. 과학이 밝힌 지식은 그 자체로 진리가 아닙니다. 과학은 그것이 알려준 내용으로 인해 '과학'이 되는 것이 아닙니다. 과학은 '과학적 방법'을 거쳐 앎을 확보해가는 '과정'에 붙이는 이름이지, 불변의 진리, 궁극적 진리, 백보 양보하여 '바른 앎'에 부여하는 이름이 아닌 것입니다. 과학은 '통제된' 실험을 통해 그 통제된 실험 방법의 '한계 안에서' 사물의 일면을 밝히는 작업일 뿐입니다.

과학의 가치, 과학적 지식의 가치를 이해하는 일은 당연히 중요하지만, 과학의 한계에 대해 이해하는 일도 그만큼 중요합니다. 근거 없는 의심도 우리 삶을 낭비하는 일이지만, 근거 없는 낙관이나 근거 없는 맹신도 우리 삶을 피폐하게 만듭니다. 과학에 대한 합리적 이해가 결여될 때, 무근거의 비판만 난무하고 사회적 에너지가 낭비될 수 있습니다. 종교의 목표와 의미를 알면 종교 미신에 빠지지 않을 수 있는 것처럼, 과학의 목표와 한계를 정확하게 이해하고 판단할 수 있으면 과학 미신에 빠지지 않을 수 있을 것입니다. 이것이 바로 오늘날 과학 이해와 과학 비판이 '인문학의 과제'가 되어야 하는 이유입니다.

질문과 대답

혹시 인류가 우주로 나갈 가능성에 대해 어떻게 생각하십니까?

우주로 나갈 가능성이 있겠죠. 그런데 현재 화성 탐사 프로젝트는 나가면 돌아오지 못하는데, 이 프로젝트에 참여하기 위해서 얼마를 내는지 혹시 아세요? 20억 냅니다. 자, 30년 안에 20억 낼 수 있는 분? 그럼 '50년 정도 지나면 20억 벌어서 화성 가서 안 돌아올래'라고 생각하시는 분? 또 화성 가서 살려면 집도 지어야 하고, 땅도 파야 하고, 지구 환경과 비슷한 환경을 만들어야겠죠. 그렇게 하려면 아무리 짧게 잡아도 2세기는 잡아야 할 거예요. 뭐, 더 짧게 100년이라고 칩시다. 가능할 수도 있겠죠. 저는 그런 프로젝트는 보험하고 비슷하다고 생각합니다. 보험은 미래에 대한 현재의 불안을 사는 거죠. 그러니까 그런 프로젝트는 엄청난 돈을 가진 사람들을 위한 불안 마케팅인데, 그것보단 지구 문명의 지속 가능성을 위해 문명의 전환을 모색하는 쪽이 더 빠르지 않을까요?

과학이 기업에 휘둘리는 것을 막기 위해 시민의 감시가 필요한데, 과학이 전문화되고 이해하기 어려워지면서 실질적으로 시민의 감시가 불가능해지는 것 같습니다. 어떻게 해야 시민들이 감시를 할 수 있을까요?

정치 비판이랑 비슷한데요, 우리는 모두 정치가 엄청나게 잘못돼 있다는 걸 알고 있지만, 집에서 TV 뉴스를 보면서 울분을 쏟아내다가도 막상 다음날 아침이 되면 출근해야 하고 생업이 바쁘니까 '내가 어떻게 해?' 이러고 말잖아요. 그러다 보니까 정치 불신이 지나쳐서 정치 포기가 되고, 정치 무관심이 되고, 결국은 '너희끼리 알아서 다 해먹어' 이렇게 되는 거죠. 과학도 그렇게 될 가능성이 커요. 그러니까 한 개인이 나서는 것도 중요한 일이고, 정치 활동 등을 통한 집단적인 행동도 중요합니다. 예를 들어 제가 어떤 정당을 하나 만들어서 정당 활동을 통해 과학을 체계적으로 감시할 수도 있어요. 과학 감시는 단순히 연구비 감시로 끝나는 것이 아니라 결국 지구 문명의 지속 불가능성을 촉진하는 인간의 활동에 대한 비판이기 때문에 살 만한 세계를 만드는 운동하고도 관련돼 있거든요? 그래서 충분히 정치적인 운동이 될 수 있어요. 그래서 같은 정치적 어젠다를 공유하는 사람들이 정당 활동을 하고, 거기에 대해서 시민들에게 납득할 수 있는 설명을 하고 시민들이 그 정당을 서포트하는 형식으로 얼마든지 과학 감시를 할 수 있어요.

요즘 대학 개혁, 대학 구조조정 말이 많잖아요. 저는 구조조정의 한 방향으로, 무조건 학생들을 줄이고 과를 없애는 소극적인 대응을 할 게 아니라, 정말 우리 사회에 필요한 인문학적 자원이 뭔지 이해하고 발굴해서 그걸 연구할 수 있는 인재를 키워내는 적극적인 대학 구조조정이 필요하다고 생각해요. 과학학, 과학비판학이죠. 이런 과학 비판학을 포함하는 인문학의 개편 또한 충분히 고려해볼 만한 가치가 있습니다. 이런 게 시민 단체 운동으로, 또 정치 활동으로 이어져서 기업에 압력이 가해지면 기업이 자신의 행동을 자제하게 되는 거죠. 그렇게 하기 위한 노력들이 필요하다고 생각합니다. 그걸 하지 않으면 결국 대기업과 결탁된 어두운 권력에 의해서 우리 사회는 미래가 없어지는 거죠. 대기업 감시, 대기업이 초래하는 과학의 변질을 체계적으로 감시하는 조직과 능력, 이해력을 갖고 있지 못하면 대기업과 자본주의의 하수인이 되고 맙니다. 쉬운 문제는 아닙니다만 불가능한 문제는 아니라고 생각합니다. 그리고 해결해야 하는 문제라고 생각합니다.